ÉTUDE DE LA CONFIANCE DANS LES TRANSACTIONS « M-BANKING » EN AFRIQUE

Le cas « Orange Money » au Mali

Collection Etudes Eurafricaines
Dirigée par André Julien Mbem

Le Sahara et la Méditerranée, frontières entre l'Afrique et l'Europe, sont aussi des passerelles par lesquelles, depuis des siècles, au-delà des tragédies et des drames, se rapprochent et se remodèlent ces deux ensembles géographiques et leurs civilisations. La collection ***Etudes Eurafricaines*** *encourage la diffusion d'études historiques et prospectives sur les symbioses dont cette partie du monde est l'antique théâtre.*

Déjà parus

BOGNI Téguia, *La cuisine camerounaise. Mots, pratiques et patrimoine*, 2019.
SOUGANE Arouna, *Migrations Internes au Mali et insertion des migrants de retour*, 2019.
AMABIAMINA Flora, NANKEU Bernard Bienvenu, *Discours et sexe dans les littératures francophones d'Afrique. Vers un changement des mentalités ?*, 2018.
ILBOUDO Jean Christophe, *Gouvernance d'entreprise et développement des partenariats public-privé. Cas de pays d'Afrique au sud du Sahara*, 2018.
Saleh Adam, *La cogestion des réserves de biosphère de Waza et de la Bénoué dans le nord du Cameroun. Un modèle et son revers*, 2018.
Laure Nathalie Tsobgni Djoumetio, *Les banques et le dispositif préventif anti-blanchiment des capitaux. Analyse de sa mise en œuvre au Cameroun et en France*, 2018.
Anselme Nzoko, *Société civile et transformation sociale au Cameroun. Questions d'éthique sociétale*, 2018.
Fodié Tandjigora, *L'immigration des diplomés maliens de France. Fuite des cerveaux ou quête de promotion sociale ?*, 2018.
Jean-Alexis Mfoutou, *La langue de l'école au Congo-Brazzaville*, 2010.
Yves-Marie LAULAN, *L'Europe face à l'Afrique : du choc démographique au choc des civilisations ?*, 2010.
Jean-Alexis Mfoutou, *La langue de l'amour et de la sexualité au Congo-Brazzaville*, 2010.
Patrice Moundounga Mouity, *La société gabonaise de cour*, 2010.
Christelle Gaborieau, *Deux ans au cœur du Tchad*, 2009.
Jean-Alexis Mfoutou, *La langue française et le fait divers en Afrique noire francophone*, 2009.
Roland Willay Adams, *Expériences initiatiques en terre africaine*, 2009.
Jean-Alexis Mfoutou, *La langue de la nourriture, des aliments et de l'art culinaire au Congo-Brazzaville*, 2009.

Cheick Oumar Sagara

ÉTUDE DE LA CONFIANCE DANS LES TRANSACTIONS « M-BANKING » EN AFRIQUE

Le cas « Orange Money » au Mali

Préface de Alain KIYINDOU

L'Harmattan

5-7, rue de l'École-Polytechnique, 75005 Paris

http://www.editions-harmattan.fr

ISBN : 978-2-343-15647-7
EAN : 9782343156477

REMERCIEMENTS

La thèse qui a donné lieu au présent ouvrage est le fruit d'un long travail de recherche. Commencé au courant du dernier trimestre de l'année 2011, le présent travail de recherche n'a pu être finalisé qu'en 2015 grâce à une dérogation spéciale accordée par le Professeur Michel Arnaud. Pendant ces 48 mois, j'ai bénéficié des appuis divers et variés. Je reconnais ici que sans ces soutiens, seul je ne serai jamais arrivé à produire un tel résultat. L'occasion m'est offerte ici de remercier toutes les personnes physiques ou morales qui ont contribué à ce travail.

Mes remerciements s'adressent en premier lieu à mes directeurs de thèse : le Professeur Michel Arnaud et le Professeur Modibo Traoré. Le premier, Professeur en Sciences de l'Information et de la Communication à l'Université Paris-Ouest Nanterre la Défense, par son approche pédagogique (formation à distance), a réussi à former plusieurs étudiants africains en master et en thèse. Il a dirigé totalement à distance ce travail. Il m'a orienté sans m'imposer sa propre vision. Il m'a appris à observer, à analyser et à comprendre les phénomènes notamment informationnels et communicationnels. Il m'a appris à prendre la mesure des relations humaines. Merci mon très cher Professeur. Je ne vous oublierai jamais !

Le co-directeur de la présente thèse a été successivement mon professeur d'économie pendant mes études en gestion (1988-1992). Puis, il a été mon supérieur hiérarchique et collègue pendant plusieurs années avant d'accepter l'encadrement de ce travail dès son début en 2011. Professeur d'Economie du Développement à l'Université des Sciences Sociales et de Gestion de Bamako (Mali), M. Traoré a su enrichir ce travail avec son regard d'économiste éclairé. Il m'a éclairé sur les croisements féconds et fructueux entre les sciences économiques et les Sciences de l'Information et de la Communication. Qu'il retrouve ici mes remerciements les plus chaleureux.

Je remercie infiniment Dr Martial Abega, chercheur associé en Sciences de l'Information et de la Communication au laboratoire Dicen-IDF. Dr Abega a beaucoup contribué à l'amélioration de ce travail tant sur la forme que sur le fond. Qu'il retrouve ici mes vifs et chaleureux remerciements.

Mes remerciements vont ensuite au laboratoire Dicen-IDF (Dispositifs d'Information et de Communication à l'Ère du Numérique - Paris Île-de-France) EA 7339.Dicen-IDF est une unité de recherches multi-tutelles entre le Conservatoire National des Arts et Métiers, l'Université Paris-Est Marne-La-Vallée et l'Université Paris-Ouest Nanterre La Défense. Il est organisé selon quatre axes de travaux thématiques dont « TIC et innovations de services, intelligence économique et territoriale » auquel je suis rattaché.

Mes remerciements s'adressent également l'Institut Supérieur de Formation et de Recherche Appliquée (ISFRA) du Mali, la structure chargée de la cotutelle de ce travail. Cet institut auprès duquel je me suis inscrit pour la première fois en 1992 pour préparer le Diplôme d'Études Spécialisées en Informatique Double Compétence et une deuxième fois en 2011 pour préparer la présente thèse de doctorat, a rayonné pendant plusieurs années comme l'unique structure de formation doctorale du pays. Il a contribué au développement et à la dissémination de la recherche scientifique au Mali, dans la sous-région et dans le reste du monde.

Je remercie ensuite l'ensemble du corps professoral du Master II recherche en Sciences de l'Information et de la Communication de l'Université Paris-Ouest Nanterre la Défense. Je suis reconnaissant à Michel Arnaud, David Buxton, Marc Hiver, Brigitte Juanals, Louise Merzeau, Lionel Barbe et Marcos Giadas, tous enseignants à l'Université de Paris-Ouest Nanterre la Défense pour leur encadrement de qualité.

Puis, mes remerciements s'adressent aux membres du jury de cette thèse, en en plus des deux directeurs de ce travail : Jacques Perriault, Louise Merzeau, Alain Kiyindou et Charles Boyomo. Jacques Perriault est Professeur émérite en Sciences de l'Information et de la Communication. Louise Merzeau est Maître de conférences Habilitée à

Diriger les Recherches (HDR) en Sciences de l'Information et de la Communication à l'Université Paris-Ouest Nanterre la Défense. Alain Kiyindou est Professeur en Sciences de l'Information et de la Communication à l'Université de Bordeaux 3. Charles Boyomo est Professeur en Sciences de l'Information et de la Communication à l'Université de Yaoundé II.

Puis, mes remerciements vont à l'adresse du Conseil Régional de l'Île-de-France pour ses appuis financiers dans le cadre de son programme de mobilité internationale des doctorants (MOBI'DOC). Je suis reconnaissant à Audrey Bosche-Sage, gestionnaire MOBI'DOC pour son traitement avec diligence de mon dossier de bourse.

Ensuite, mes remerciements s'adressent aux relecteurs des versions antérieures de ce travail et plus particulièrement à M. Mamadou Touré, Directeur Général de la Société Nouvelle d'Assurance Vie (SONAVIE) au Mali. Malgré ses occupations professionnelles, M. Touré n'a ménagé aucun effort pour relire et corriger ce travail.

Je voudrais d'emblée présenter avant de terminer, toutes mes excuses à tous ceux et toutes celles qui n'ont pas été nommément remerciés ici et qui ont contribué d'une manière ou d'une autre à la construction de cet édifice. Qu'ils retrouvent tous et toutes ici mes profonds remerciements et ma sincère reconnaissance. Je remercie enfin tous ces anonymes, hommes ou femmes qui m'ont accordé un peu de leur précieux temps lors de mes enquêtes de terrain sous ce soleil écrasant des mois de mars avril et mai du district de Bamako. Je n'oublie pas aussi, les administrateurs des questionnaires d'enquête. Qu'ils retrouvent tous et toutes ici mes vifs et chaleureux remerciements

PRÉFACE

Comment la confiance s'inscrit-elle dans les transactions monétaires par Orange Money au Mali ? Telle est le fil conducteur de l'ouvrage de M. Cheick Oumar SAGARA. En abordant l'étude de la confiance dans les transactions « m-banking » en Afrique, l'auteur pointe la question de l'éclosion des transactions monétaires par téléphonie mobile en Afrique, soulignant ainsi l'émergence de nouveaux acteurs, la saturation des marchés des télécommunications, l'augmentation du nombre d'abonnés au téléphone mobile et l'évolution des moyens de paiement. Sa réflexion s'inscrit donc dans un cadre international tout en interrogeant à la fois le local et le global.

Au sujet de la confiance dans les transactions monétaires sur téléphone mobile en Afrique, M. SAGARA analyse de nombreuses théories portant sur le sujet. On peut retenir toutefois que la confiance est un état psychologique, une attente, une croyance, une volonté d'une partie d'être vulnérable… Cette confiance, explique l'auteur, peut être mesurée à travers les sept facettes de la confiance retenues par McKnight, Choudhury et Kacma : la bienveillance, la compétence, l'intégrité, la volonté de dépendre, la volonté de suivre les conseils, la disposition à donner des informations personnelles et l'intention d'achat sur le site.

Mais ce qui anime l'auteur, c'est avant tout de poser une série de questions qui l'interpellent : les utilisateurs ont-ils confiance dans Orange Money ? Observe-t-on des difficultés, des abus dans les opérations, qui généreraient un manque de confiance ? Y aurait-il des obstacles socioculturels liés à la manipulation de l'argent liquide, aux réseaux communautaires ? Les procédures de transfert via le téléphone portable sont-elles complexes au point de générer des appréhensions de la part des utilisateurs ?... La confiance constitue-t-elle un frein au développement du « m-banking » au Mali ?

L'on comprendra, toutefois, à la lecture, que le degré de confiance à Orange Money est fonction des caractéristiques sociodémographiques de ses usagers comme l'âge, le genre, le niveau d'étude, l'expérience TIC et l'activité. En effet, le degré de confiance à Orange Money varie selon que l'on soit homme ou femme, le niveau de confiance des hommes étant plus élevé que celui des femmes. Le degré de confiance à Orange Money décroit quand l'âge augmente. De même, il diminue quand le niveau d'étude de l'usager augmente…

M. SAGARA ne se contente pas d'observer et d'analyser, il fournit un certain nombre de recommandations à savoir, développer la confiance éclairée en mettant l'accent sur l'éducation des usages du « m-banking », fournir des services de banque électronique sûrs, précis et homogènes, maîtriser les risques opérationnels, protéger les données personnelles, garantir la transparence, réduire et neutraliser les risques de transactions, mettre en place une structure indépendante pour la protection des données personnelles ; maîtriser les risques juridiques, éduquer la population aux TIC, mettre en place un espace associatif de défense des données personnelles, se saisir de la charte africaine des droits de l'homme et des peuples pour étendre leur initiative de protection des données personnelles à toute l'Afrique.

L'ouvrage de M. SAGARA est une approche transdisciplinaire du fondement de la relation à la monnaie et donc de la relation à l'autre qui dépasse les frontières du Mali. Il pose des questions scientifiques, économiques, sociales, politiques, philosophiques qui nous interpellent tous.

Alain KIYINDOU

Professeur des Universités, Chaire Unesco Pratiques émergentes en technologies et communication pour le développement, Université Bordeaux Montaigne

INTRODUCTION

« Fais-lui *confiance*, mais compte après lui »
Proverbe africain

Les problématiques sur les transactions monétaires par téléphone mobile en Afrique et plus spécifiquement en Afrique de l'Ouest émergent. Totalement inexistantes sur le continent avant 2007, ces problématiques sont apparues d'abord au Kenya en Afrique de l'Est avant de se généraliser aux autres pays. Parmi les facteurs qui ont favorisé leur éclosion, nous retenons quelques-uns que nous présentons tour à tour ici.

Émergence de nouveaux acteurs

En Afrique de l'Ouest, le règlement n°15/2002/CM/UEMOA du 19 septembre 2002 relatif aux systèmes de paiement dans l'Union Économique Monétaire Ouest Africaine(UEMOA) et l'instruction n°01/SP/2006 du 31 juillet 2006 du Gouverneur de la Banque Centrale des États de l'Afrique de l'Ouest (BCEAO[1])relative à la monnaie électronique et aux établissements de monnaie électronique, sont à la base de l'émergence des acteurs bancaires et non bancaires offrant des services sur la monnaie électronique dont le « Mobile-Banking ».

En fin 2014, trente une (31) structures[2] étaient autorisées à émettre la monnaie électronique dont deux (2) au Mali. Il s'agit de la société Orange Mali en partenariat avec la Banque Internationale pour le Commerce et l'Industrie du Mali (BICIM) et la SOTELMA/MALITEL en partenariat avec la Banque de Développement du Mali (BDM-SA).

---

[1]Est un établissement public international regroupant huit pays de l'Afrique de l'Ouest membres de l'Union Économique Monétaire Ouest Africaine (UEMOA).

[2]Etat des établissements de monnaie électroniques agrées et des systèmes financiers décentralisés autorisés à émettre et gérer la monnaie électronique, http://www.bceao.int/IMG/pdf/eme201.pdf

Saturation du marché des télécommunications en Afrique

Selon les résultats d'une enquête publiée dans *Jeune Afrique* hors-série numéro 37, on assiste en Afrique à une saturation du marché des télécommunications. L'effondrement des marges des sociétés télécoms sur le service voix, pousse ces structures à chercher d'autres créneaux porteurs. Les services de transactions monétaires par téléphone mobile entrent dans cette recherche de profit des grands groupes de télécommunications. La figure ci-dessous extraite de *Jeune Afrique* montre les dix marchés les plus saturés d'Afrique en téléphone mobile. Le Mali, pays d'Afrique de l'Ouest sur lequel se focalise la présente étude, avec 127%, vient en septième position devant la Tunisie, la Namibie et le Maroc.

Figure 1: Taux d'équipement en téléphone mobile

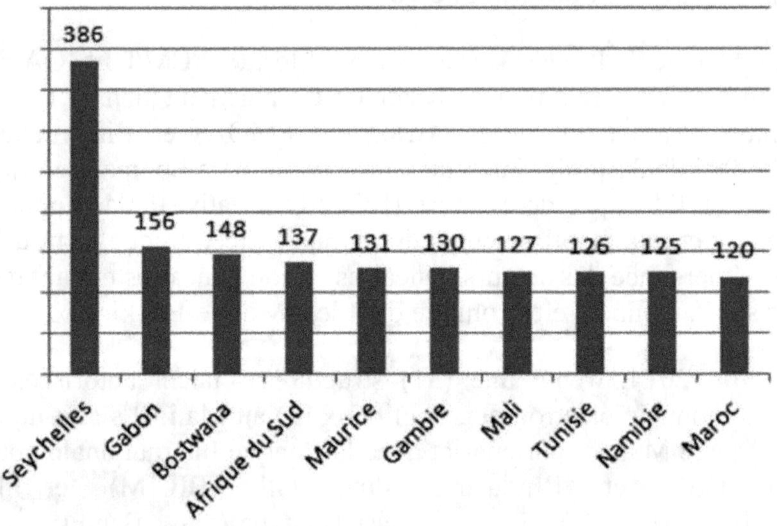

Source : Jeune Afrique. Hors-série n°37

Une augmentation exponentielle du nombre d'abonnés au téléphone mobile en Afrique

Plusieurs sources sérieuses montrent une augmentation vertigineuse du taux de pénétration du téléphone mobile en Afrique. Ainsi, selon la Banque Mondiale[3], au début de 2012, le nombre d'abonnés au téléphone portable dans le monde est supérieur à six milliards.

Le pourcentage de la population mondiale ayant un téléphone portable est passé de 61% en 2003 à 90% en 2010 selon la même source. Cette croissance est beaucoup plus remarquable dans les pays en voie de développement, participant ainsi à une réduction importante de leur fossé numérique avec les pays développés comme le montre les résultats des études suivantes.

Selon l'Association Internationale des Opérateurs de Téléphonie Mobile (GSMA)[4], l'Afrique, avec plus de 620 millions de connexions mobiles en septembre 2011, a dépassé l'Amérique Latine pour devenir le deuxième plus grand marché de téléphonie mobile dans le monde après l'Asie. Cependant, il faut noter que cette forte adoption du téléphone mobile masque de fortes disparités d'une part entre les régions et entre les pays africains d'autre part. Selon une étude du cabinet d'audit et de conseil PwC[5] dont les résultats sont présentés dans la figure ci-dessous, le taux de pénétration du téléphone mobile en Afrique Subsaharienne est proche de 70%. Ce taux, selon la même source, est de 100% dans les pays d'Afrique du Sud pendant la même période, c'est-à-dire en fin 2012.

---

[3]http://siteresources.worldbank.org/INFORMATIONANDCOMMUNICATIONANDTECHNOLOGIES/Resources/2013000181FREfre001_Low.pdf

[4]http://www.gsma.com/spectrum/wp-content/uploads/2011/12/Africa-Mobile-Observatory-2011.pdf

[5] http://www.pwc.fr/10-ans-de-telecoms-en-afrique.html

Figure 2 : Evolution du développement du téléphone mobile dans les 10 pays au plus fort taux de pénétration

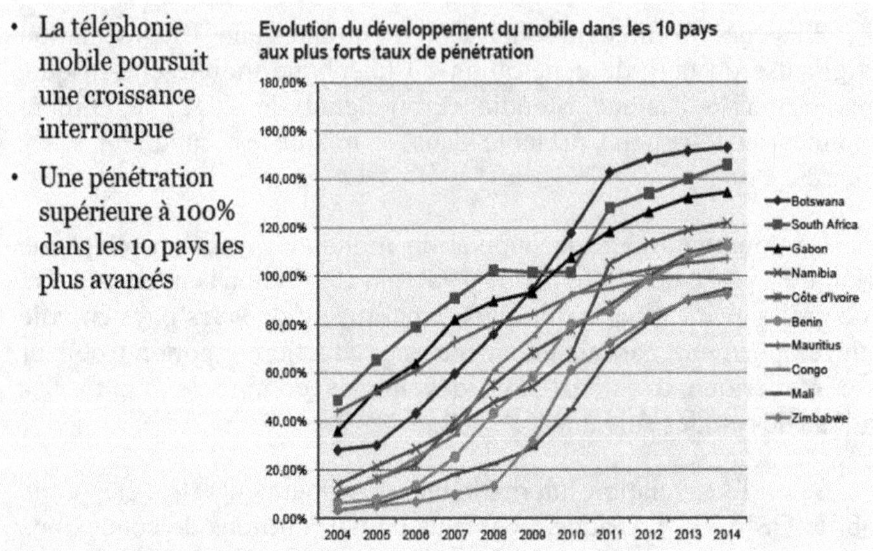

Source : 10 ans de télécoms en Afrique (PwC, 2013)[6]

La figure suivante extraite de GSMA Mobile pour le Développement[7] montre que le taux de pénétration du téléphone mobile au Mali est passé de 50% en 2010 à presque 100% en 2012.

Figure 3 : Taux de pénétration du téléphone mobile au mali (%)

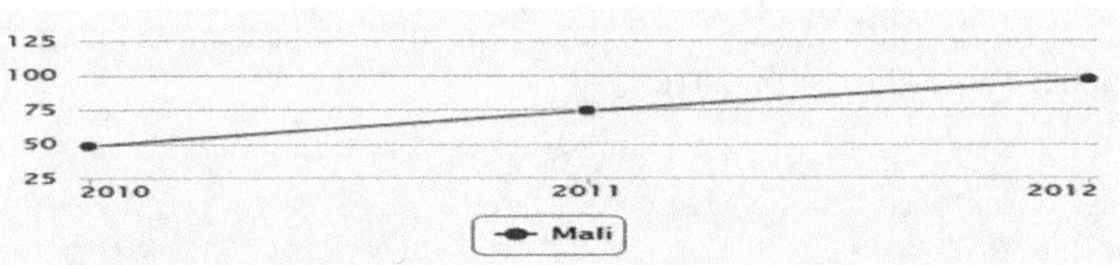

6 http://www.pwc.fr/10-ans-de-telecoms-en-afrique.html

7 GSMA Mobile for development est une structure rattachée à GSMA. Elle étudie les impacts du téléphone mobile sur le développement.

Source : Taux de pénétration du *téléphone mobile* (GSMA Mobile pour le développement, 2013)[8]

Évolution sans précédent des moyens de paiements en Afrique

Selon l'étude PWC précitée, la téléphonie mobile a apporté un saut technologique en Afrique, entraînant une évolution remarquable des moyens de paiement. Ainsi, on est passé de la monnaie fiduciaire à la monnaie électronique avec un saut notoire sur la monnaie scripturale (figure n°3).

Figure 4 : Saut technologique apporté par la téléphonie mobile

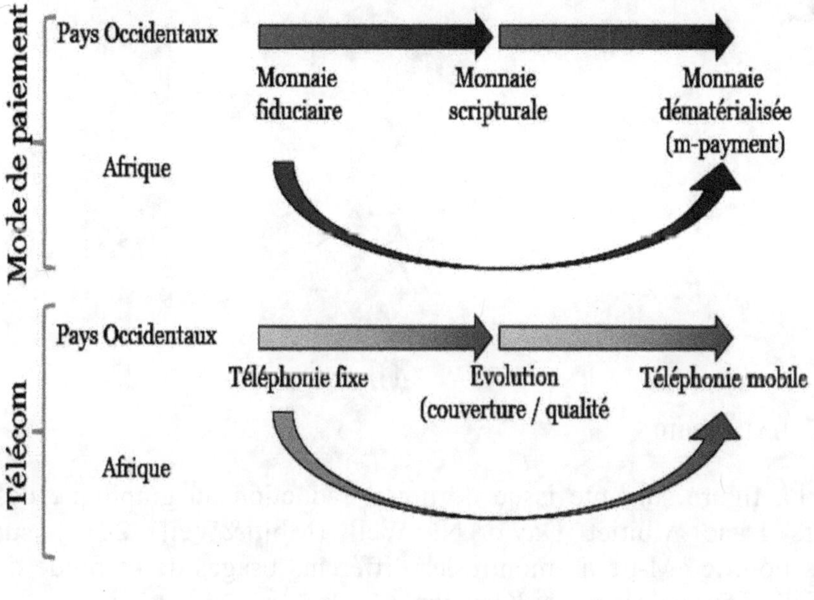

Source : 10 ans de télécoms en Afrique (PwC, 2013)[9]

[8] https://mobiledevelopmentintelligence.com/countries/MLI-mali
[9]http://www.pwc.fr/10-ans-de-telecoms-en-afrique.html

Selon la Banque Africaine de Développement (voir figure ci-dessous), le nombre d'abonnés au « M-Banking » en Afrique est passé de 0,9 millions d'abonnés en 2007 à 11,89 millions d'abonnés en 2010.

Figure 5 : Progression du « M-Banking »en Afrique

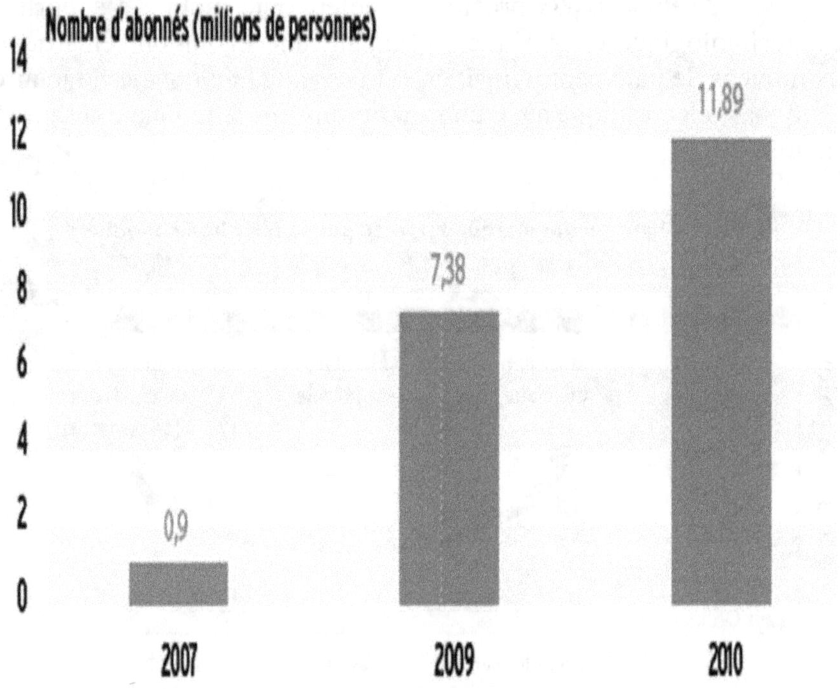

Source : BAD[10], 2010

La figure suivante issue de notre traduction du graphique des auteurs Isaac Mbitiet David N. Weil (Mbiti&Weil, 2011) sur l'utilisation de «M-pesa» montre les différents usages de ce mode de transaction financière par le Kenyans.

[10]http://www.afdb.org/fileadmin/uploads/afdb/Documents/Publications/John%20brief%201_John%20brief%20

Figure 6 : Les usages de « M-PESA»

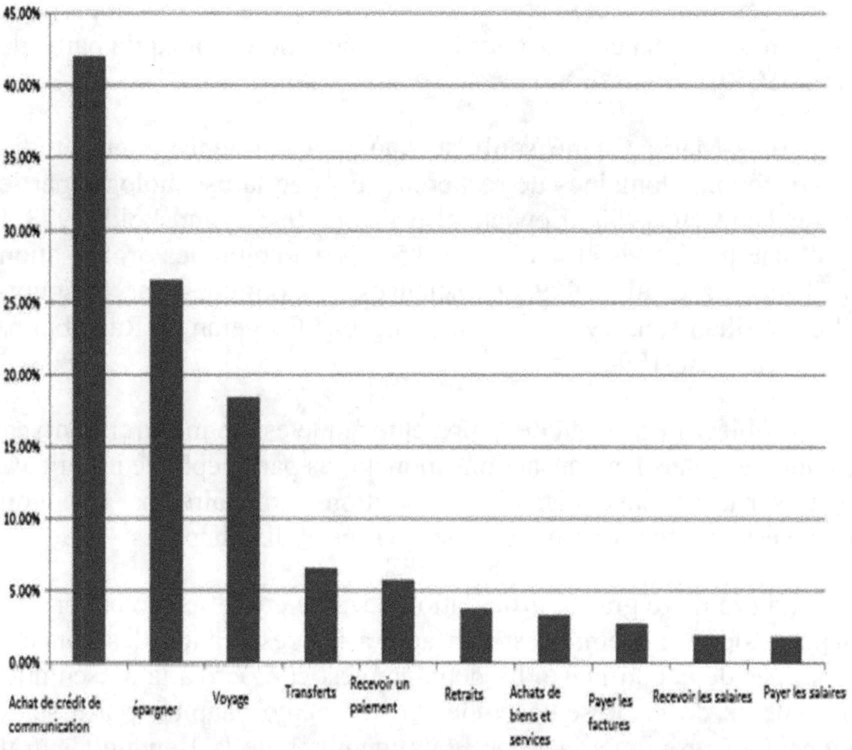

Source : Les usages de «M-PESA» du graphique de Isaac Mbiti et David N. Weil (Mbiti &Weil, 2011)[11]

Ces problématiques récentes commencent à susciter l'intérêt des chercheurs de toutes les disciplines scientifiques établies et notamment celle des sciences de l'information et de la communication, notre champ d'études. Un corpus de recherches commence à se constituer sur le paiement mobile. En Afrique, les recherches sur le paiement mobile avancent. Le présent travail se situe en droit fil de l'exploration de ces nouvelles problématiques qui se posent avec acuité au continent africain. Il s'agit de la confiance dans les transactions monétaires par téléphone mobile au Mali. Depuis les temps immémoriaux, les relations humaines sont basées sur la confiance. Qu'il s'agisse de relations

[11]http://www.nber.org/papers/w17129

interpersonnelles, organisationnelles, inter-organisationnelles ou institutionnelles, la confiance est au cœur du lien social. Malgré son origine très lointaine et sa reconnaissance implicite largement partagée, le sujet n'a commencé à susciter l'intérêt des chercheurs qu'à partir des années 1950.

Anne-Marie Gagné souligne que « La confiance a été étudiée dans différents domaines de recherche tels que la psychologie par les auteurs Deutsch, 1960 ; Lewicki et Bunker, 1995 ; Lindskold, 1978, la sociologie par Lewis et Weigert,1985, la sociologie des organisations par Thuderoz et al., 1999, les sciences économiques par Dasgupta, 1998 ; Williamson, 1991, le marketing par Bergeran et Rajaobelina, 2009 ; Ganesan, 1994 »[12].

L'objectif principal de la présente étude est de mesurer le niveau de confiance dans les transactions monétaires par téléphone mobile. Ce travail sur la confiance dans les transactions monétaires par téléphone mobile est structuré en trois grandes parties et dix chapitres.

La première grande articulation de cette étude se décline en cinq chapitres dont le premier est consacré à la présentation des concepts théoriques de la confiance. Le deuxième est consacré à la présentation du contexte de la présente étude. Le troisième chapitre porte sur la monnaie électronique dans les États membres de la Banque Centrale des États de l'Afrique de l'Ouest (BCEAO). Dans le quatrième chapitre, il sera présenté la problématique de la présente recherche. Le dernier chapitre sera focalisé sur la présentation de la méthodologie de recherche et l'énonciation des variables.

La deuxième partie de ce travail se compose de deux chapitres. Le premier porte sur l'analyse des données et le second sur l'interprétation des résultats. La dernière grande articulation de ce travail comporte trois chapitres dont le premier est consacré à une mise en perspective des principaux résultats de cette étude. Le deuxième et

[12]Anne-Marie Gagné. Confiance et soupçon. Faire des relations publiques à l'ère de l'entreprise responsable. http://communication.revues.org/2451

le troisième chapitre portent respectivement sur les indicateurs à approfondir et les préconisations.

PREMIÈRE PARTIE

LA CONFIANCE DANS LES TRANSACTIONS MONÉTAIRES SUR TÉLÉPHONIE MOBILE EN MILIEU AFRICAN

Avec une population estimée à environ 15 millions d'habitants et une économie encore dominée par le secteur primaire, le Mali s'est très tôt engagé dans l'appropriation des Technologies de l'Information et de la Communication (TIC). Le taux d'équipement de la population en téléphone mobile par exemple a dépassé en 2012 les 100% avec l'émergence d'une multitude de services innovants autour du téléphone mobile. Les transactions monétaires par téléphone mobile constituent l'une de ces innovations qui font augmenter le taux de bancarisation d'une population majoritairement restée en marge des services bancaires.

Le taux de bancarisation reste encore faible dans les pays de l'Union Économique Monétaire Ouest Africaine (UEMOA). Selon la note d'information du 4ème trimestre 2012 de la Banque Centrale des États de l'Afrique de l'Ouest (BCEAO), « Sur le plan de la bancarisation, le nombre de comptes bancaires dans l'ensemble de l'Union s'établit à 7,9 millions en 2011. Ainsi, le taux de bancarisation, au sens strict, est ressorti à 7,93% au 31 décembre 2011. »[13] Selon la même source, ce taux s'établit à 9,08% pour le Mali sur la même période.

La faiblesse du taux de bancarisation a amené la BCEAO à prendre des mesures en faveur du développement du « Mobile Banking ». Ainsi, des opérateurs télécoms se sont vus attribués le statut d'émetteur de la monnaie électronique en partenariat avec les banques. L'objectif visé dans cette partie est de présenter l'arrière-plan, la problématique et la méthodologie de la présente recherche, le contexte dans lequel se déroule l'étude.

[13] http://www.bceao.int/IMG/pdf/note_d_information___4e_trimestre_2012.pdf

CHAPITRE I

LA CONFIANCE : DÉFINITIONS, SOURCES, TYPES, FORMES, RÔLES, DIMENSIONS ET MESURES

Le caractère multidimensionnel de la confiance lui confère une richesse immense. Toutes les disciplines scientifiques établies retrouvent leur compte dans cette notion. La multitude de définitions qui lui est attribuée dénote de la profondeur de ce concept.Elle recouvre plusieurs sources, formes et types. Elle joue un rôle important dans les relations entre les individus d'une part et entre les individus et les organisations d'autre part.

L'objectif recherché dans ce chapitre est de dresser une revue de la littérature sur le concept de la confiance.Le chapitre s'articule autour de huit points majeurs sur la confiance. Nous commençons d'abord par présenter les définitions de la confiance suivant un ordre chronologique (de 1958 à 2000). Après, les concepts, les sources, les rôles, les types, les formes, les dimensions et la mesure de la confiance seront successivement présentés.

1.a) Définitions

La confiance est un thème transversal à plusieurs disciplines des sciences humaines et sociales. Il reste très difficile de retrouver une définition de la confiance acceptée par tous. Chaque discipline essayant de la définir en fonction de son objet d'étude.

La confiance est très peu étudiée en sciences de l'information et de la communication. Les études sur le sujet sont plus étoffées dans le domaine du marketing et de la gestion. En gestion, Valérie Neveu (Neveu, 2004) a dressé un tableau des définitions de la confiance que nous reprenons ici par auteur.

Selon Morton Deutsch (Deutsch, 1958), la confiance est « l'attente optimiste de l'individu concernant le résultat d'un évènement incertain dans des conditions de vulnérabilité personnelle : (a) le cours des évènements à venir est incertain, (b) l'occurrence du résultat dépend du comportement des autres et (c) l'intensité d'un évènement douloureux est supérieure à celle d'un évènement heureux »[14]

Pour Julian B. Rotter (Rotter, 1967), « la confiance interpersonnelle est l'attente, par un individu (ou groupe d'individus) que la promesse (verbale ou écrite) d'un autre individu (ou groupe d'individus) sera respectée »[15]

Pour Dale E. Zand (Zand, 1972), c'est une « décision individuelle s'appuyant sur des attentes optimistes concernant le résultat d'un évènement incertain, étant donné une vulnérabilité personnelle et un manque de contrôle personnel sur les actions des autres »[16]

Robert T. Golembiewski (Golembiewski, 1975) définit la confiance comme une « croyance optimiste subjective, fondée sur les perceptions et les expériences personnelles, concernant la survenance d'un évènement souhaitable »[17]

Robert T. Golembiewski, ML. Mc Conkie et Bernard, Barber Golembiewski, Mc Conkie et Barber, définissent la confiance comme des « attentes optimistes d'un individu concernant la poursuite d'un ordre social établi, la tenue par autrui d'un rôle (compétence technique) et l'accomplissement, par autrui, d'un devoir moral »18. Barbara Meeker la définit comme « l'attente d'un comportement coopératif de la part de l'autre »19

[14]La confiance organisationnelle, http://www.reims-ms.fr/agrh/docs/actes-agrh/pdf-des-actes/2004neveu072.pdf
[15] Idem note 14
[16] Idem note 14
[17] Idem note 14
[18] Idem note 14
[19] Idem note 14

John K. Butler et Stephen R. Cantrell la définissent comme « l'attente concernant le comportement de l'autre concernant cinq points (composantes) de la confiance, caractéristiques individuelles : intégrité, compétence, cohérence, loyauté, ouverture »[20]

James S. Coleman la définit comme la « Relation entre deux acteurs ; la confiance placée par l'un des acteurs dans le deuxième peut dépendre de l'intervention d'un troisième acteur (la présence de ce dernier pour surveiller, renforce le contrat ou l'accord initial) »[21]

Selon Mark Granovetter« la confiance dans le passé, mène à la confiance dans l'avenir »[22]

D'après J. David Lewis et Andrew Weigert « la confiance est motivée soit par un fort sentiment affectif envers l'objet (confiance émotionnelle), soit par des raisons rationnelles (confiance cognitive), soit le plus souvent par une combinaison des deux »[23]

Annette Baier la définit comme « l'acceptation d'une vulnérabilité vis-à-vis de l'autre mais non une mauvaise volonté (ou un manque de bonne volonté) attendue envers l'une des deux parties »[24]

Pour John K. Rempel et John G. Holmes, les caractéristiques de la confiance sont : « prévisibilité, fiabilité et réceptivité sont d'importance égale »[25]

Lynne G. Zucker,la confiance est « l'ensemble d'attentes sociales partagées par chaque personne impliquée dans un échange économique. (...) la confiance est liée à l'expérience des échanges passés, aux similarités entre individus, à des mécanismes formels (institutions) servant de « garanties » »[26]

---

[20] Idem note 14
[21]http://www.reims-ms.fr/agrh/docs/actes-agrh/pdf-des-actes/2004neveu072.pdf
[22] Idem note 22
[23] http://www.reims-ms.fr/agrh/docs/actes-agrh/pdf-des-actes/2004neveu072.pdf
[24] Idem note 23
[25] Idem note 23
[26] Idem note 23

Selon Diego Gambetta, la confiance est « un niveau particulier de la probabilité subjective avec lequel un agent évalue qu'un autre agent (ou groupe d'agents) réalisera une action bien précise, à la fois avant qu'il puisse surveiller une telle action (ou indépendamment de sa capacité à surveiller) et dans des conditions qui affectent sa propre action »[27] ; ou la « probabilité qu'un acteur économique prendra des décisions et entreprendra des actions qui seront bénéfiques – ou du moins non nuisibles – à l'autre »[28]

Niklas Luhmannla définit comme le « choix de s'exposer à une situation où le préjudice éventuel peut être plus important que les bienfaits attendus »[29]

Pour John K. Butler la confiance est la « promesse implicite que l'autre ne cherchera pas à faire du mal »[30]

Philip Bromiley et L.L. Cummings la définissent comme la « croyance d'un individu ou (groupe d'individus) qu'un autre individu ou (groupe d'individus) qui fait preuve de bonne volonté pour s'efforcer de se comporter en accord avec tout engagement explicite ou implicite est honnête dans toutes les négociations précédant de tels engagements et ne tire pas un avantage excessif au détriment d'autrui même si l'occasion (possibilité) [de renégocier] se présente »[31]

Peter Smith Ring et Andrew H. Van De Ven, la confiance est la « prévisibilité (*Confidence or predictability*) de ses propres attentes et de la bonne volonté de l'autre. »

D'après Larue Tone Hosmer (Hosmer,1995),la confiance est « l'attente optimiste que place une personne, un groupe, ou une entreprise dans le comportement d'une autre personne, un autre groupe ou une autre entreprise lors d'une entreprise commune ou un échange économique, dans des conditions de vulnérabilité et dépendance de la part de celui qui accorde sa confiance, dans le but de faciliter la

[27] Idem note 23
[28] Idem note 23
[29] Idem note 23
[30] Idem note 23
[31]http://www.reims-ms.fr/agrh/docs/actes-agrh/pdf-des-actes/2004neveu072.pdf

coopération entre les deux parties, ce qui donnera naissance à un gain joint commun, compte tenu du manque d'outils contractuel, hiérarchique, légal ou social destiné à conforter cette confiance (...)»[32]

Selon Roger C. Mayer, James H. Davis et David F. Schoorman, la confiance est la « volonté de l'une des parties d'être vulnérable aux actions d'une autre partie, fondée sur l'espoir (*expectation*) que l'autre réalisera une action importante pour celle qui accorde sa confiance, sans tenir compte de la capacité de contrôler ou surveiller l'autre partie »[33]

Daniel J. Mc Allister la confiance est la « croyance d'un individu en – et volonté d'agir sur la base de – les mots actions et décisions d'un autre »[34]

Selon Aneil K. Mishra, la confiance est la « volonté d'une partie d'être vulnérable par rapport à une autre partie, s'appuyant sur la croyance que cette dernière est compétente, ouverte, attentive (*concerned*) et fiable (*reliable*)»[35]

Sandra L. Robinson la définit comme les « attentes, suppositions et croyances concernant la probabilité que les actions futures d'un autre seront favorables ou au moins non préjudiciables à ses propres intérêts »[36] Tom R. Tyler et Peter Degoey la définissent comme les « sentiments qu'une autorité a produit un effort de bonne foi et a traité les parties concernées dans un conflit avec justice (*fairly*) »[37]

Pour Denise M. Rousseau, Sim B. Sitkin, Ronald S. Burt et Colin Camerer, la confiance est un « état psychologique comprenant l'intention d'accepter une vulnérabilité fondée sur des attentes positives à propos des intentions ou du comportement d'une autre personne »[38]

---

[32]http://www.reims-ms.fr/agrh/docs/actes-agrh/pdf-des-actes/2004neveu072.pdf
[33] Idem note 33
[34] Idem note 33
[35] Idem note 33
[36] Idem note 33
[37] Idem note 33
[38] Idem note 33

Selon Kurt T. Dirks et D. Skarlicki, la confiance est un « état psychologique dans lequel se trouve le salarié (*follower*) qui implique des attentes positives concernant le comportement et les intentions du leader à l'égard du salarié »[39]

Akbar Zaheer, Bill McEvily et Vincenzo Perrone, la définissent comme « l'attente qu'on peut se fier à un acteur pour qu'il remplisse ses obligations, que l'acteur se comportera de manière prévisible et que l'acteur agira et négociera de manière équitable en cas d'opportunisme »[40]

Kirsimarja Blomqvist et Pirjo Stähle définissent la confiance comme les « attentes d'un acteur concernant la compétence, la bonne volonté et le comportement d'une autre partie »[41]

Selon Pamela Schockley-Zalaback, Kathleen Ellis, Gaynelle Winograd, la confiance est la « volonté d'être vulnérable par rapport à une autre partie, s'appuyant sur l'identification (aux buts, valeurs, normes et croyances de l'autre partie) ainsi que sur la croyance que l'autre partie est compétente, ouverte, attentive et fiable »[42]

Face à cette myriade de définitions, Carole Donadaet Gwenaëlle Nogatchewsky retiennent deux grandes conceptions de la confiance. Dans la première, ils définissent la confiance comme une anticipation sur le fait que les attentes des partenaires ne seront pas déçues. Et, dans la deuxième, ils suggèrent que la confiance est une croyance vis-à-vis d'autrui.

1.b) Sources

La mesure de la confiance passe forcément par la connaissance de ses sources. La littérature admet deux grandes origines de la

[39] Idem note 36
[40] Idem note 36
[41] Idem note 36
[42] Idem note 36

confiance. Il s'agit des sources directes et des sources indirectes que nous présentons tour à tour dans les paragraphes suivants.

1.b.1) Les sources directes

Pour Pierre Hugues Vallée et Ejan Mackaay, les sources directes de la confiance sont, « les circonstances ou les faits qui agissent sans intermédiaire sur le niveau de confiance de l'agent qui fait confiance à l'égard de son vis-à-vis. »[43]Ces auteurs retiennent la compétence, les échanges passés ou attendus, les éléments de validation, la mémoire, l'expérience et l'évolution psychologique comme étant les principales sources directes de la confiance. Elles sont détaillées dans les paragraphes suivants.

1.b.1.1) La compétence

Elle se caractérise par trois mots : habileté, aptitude, connaissance. La confiance repose sur des attributions concernant la compétence du partenaire, définie comme sa capacité « technique » à tenir ses engagements. Mari Sako (Sako, 1992) distingue la confiance fondée sur la volonté d'une personne d'honorer sa parole (*intentions trust*) de la confiance en la capacité de cette personne de le faire (*competence trust*). Cette distinction est fondamentale car selon Pierre Hugues Vallée et Ejan Mac kaay « même si une personne a la meilleure volonté du monde d'honorer une promesse qu'elle n'a pas la capacité d'accomplir, cette personne ne devrait pas être crue ».[44]

1.b.1.2) Les échanges passés ou attendus

Pour la sociologue Lynne G. Zucker, l'expérience des échanges passés est l'un des trois principaux mécanismes de production de la confiance. Les deux autres sources étant les similarités entre les individus et les mécanismes formels (institutions) servant de garanties.

---

[43]http://www.lex-electronica.org/docs/articles_47.pdf
[44]http://www.lex-electronica.org/docs/articles_47.pdf

1.b.1.3) Les éléments de validation

Pour Jean Michel Servet cité par Pierre Hugues Vallée et Ejan Mackaay : « les éléments de validation sont des contrats écrits ou verbaux, ou encore des gestes, signaux physiques ou des paroles ayant pour effet d'inspirer la confiance »

1.b.1.4) La mémoire

Pour les mêmes auteurs ci-dessus cités, il s'agit de mémoire individuelle ou collective, « Celle-ci serait constituée d'expériences passées, de l'histoire, de la routine et des habitudes »[45]

1.b.1.5) L'expérience

Elle est la connaissance des choses acquises par l'usage et/ou par le sens. La confiance s'appuie sur le traitement des informations disponibles et sur l'expérience selon la littérature sur la question. L'expérience est considérée comme source de confiance pour plusieurs auteurs comme Russell Hardin, Jean Michel Servet, Oliver E. Williamson, Bart Nooteboom, citée par Pierre Hugues Vallée et Ejan Mackaay. Pour ces auteurs, « plus les contacts entre deux personnes sont nombreux, plus la possibilité qu'elles se comprennent mutuellement et qu'elles veuillent coopérer serait élevée »[46]

1.b.1.6) L'évolution psychologique

Pour Russell Hardin cité par Pierre Hugues Vallée et Ejan Mackaay, « l'évolution psychologique des individus a un effet important sur leur attitude confiante ou méfiante. Ceux-ci développeraient une propension à être ou non confiants suivant leur vécu relationnel. Ainsi, plus une personne a d'occasions de constater que les gestes coopératifs sont mutuellement profitables, plus elle serait portée à en poser »[47].

---

[45] Idem note numéro 15

[46] Idem note numéro 20

[47] Idem note 20

1.b.2) Les sources indirectes

Selon Pierre Hugues Vallée et Ejan Mackaay, les sources indirectes de la confiance sont « les circonstances ou les faits qui ont pour effet d'encourager ou de contraindre le destinataire de la confiance à honorer son engagement, ce qui provoque par ricochet la confiance de l'autre agent »[48]. Le désir d'établir une relation de long terme, les otages, la sauvegarde de la réputation, les intérêts liés, l'asymétrie de pouvoir, les engagements et les normes, sont les principales sources indirectes retenues que nous détaillons dans les paragraphes suivants.

1.b.2.1) Désir d'établir une relation de long terme.

La première source indirecte de la confiance que nous présentons ici concerne le désir des parties d'établir une relation durable. Cette aspiration des contractants d'une relation n'est réalisable que lorsque l'une des parties accepte de faire confiance à l'autre partie. Et que cette dernière plutôt attirée par les fruits d'une collaboration future, s'empêche d'épouser un comportement opportuniste. Pour Paul R. Milgrom, North C. Douglass et Weingast R. Barry, cités par Hugues Vallée et Ejan Mackaay, « la relation devient en quelque sorte un actif que l'on craint de perdre si l'on adopte un comportement opportuniste »[49]

Dans la littérature, on apprend que Russel Hardin a beaucoup écrit sur cette source ainsi que James S. Coleman avec son fameux exemple illustrateur sur le fermier.

1.b.2.2) Les « otages »

Pour Frank H. Buckley cité par Hugues Vallée et Ejan Mackaay, « La personne B aura aussi de très bonnes raisons d'agir au mieux des intérêts de A si elle s'expose volontairement au risque, en accordant un "otage" à A [...] L'otage pourra prendre la forme d'une période d'essai,

---

48 Idem note numéro 20

49 Milgrom, Paul R., Douglass C. North et Barry R. Weingast, The Role of Institutions in the Revival of Trade: Law Merchant, Private Judges, and the Champagne Fairs, dans: Reputation: Studies in the Voluntary Elicitation of Good

d'une sûreté, d'une garantie de remboursement ou alors d'une formule de paiement différé »[50]

1.b.2.3) La sauvegarde de la réputation.

Pour Russell Hardin cité par Hugues Vallée et Ejan Mackaay, « La réputation pourrait jouer un rôle similaire en ce qu'elle permettrait de sanctionner les comportements opportunistes. Ainsi, il explique que la confiance peut résulter du fait que tout interlocuteur sait que l'autre a des relations avec des tiers qui risqueraient d'être compromises par une rupture de promesse »[51]

1.b.2.4) Les intérêts liés.

Pour Frank H. Buckley cité par Hugues Vallée et Ejan Mackaay, « Il s'agit alors de joindre l'intérêt de la personne qui fait confiance avec celui du destinataire de la confiance »

1.b.2.5) L'asymétrie du pouvoir

Le pouvoir est également considéré par certains auteurs comme une source de confiance. Pour Henry Farell cité par Hugues Vallée et Ejan Mackaay « Jusqu'à un certain point, le pouvoir qu'exerce un agent A à l'égard d'un agent B force B à agir de façon coopérative. B devient dès lors plus digne de confiance et A a toutes les chances d'être plus confiant à son égard »[52]

1.b.2.6) Les engagements

Les engagements moraux et contractuels ont des incidences sur la confiance selon certains auteurs. Pour Éric Brousseau (Brousseau, 2001), cité par Hugues Vallée et Ejan Mackaay (Hugues & Mac kaay, 2006), « [...] les contrats sont des supports nécessaires à l'établissement et au maintien de conjonctures de confiance lorsqu'elles s'avèrent

---

[50]http://www.lex-electronica.org/docs/articles_47.pdf
[51]Idem
[52] Idem note 25

nécessaires et lorsque d'autres dispositifs institutionnels sont incapables de générer la confiance ou la sécurité »[53]

1.b.2.7) Les normes

Selon plusieurs auteurs, les normes constituent aussi une source de la confiance. Pour Francis Bidault cité par Hugues Vallée et Ejan Mackaay, « Certains auteurs ont prétendu que des réseaux sociaux forts et restreints avaient pour effet de stimuler la confiance. Les normes sociales ou légales (assorties d'un système judiciaire faible) pourraient, de même, être à la source de la confiance »[54]

1.c) Rôles

Longtemps reléguées au second plan, les études sur la confiance émergent et avancent dans toutes les disciplines scientifiques y compris les sciences de l'information et de la communication. Les résultats de ces recherches montrent qu'elles jouent un rôle crucial dans l'intérêt des parties impliquées. Dans les paragraphes suivants, nous allons montrer tour à tour que la confiance contribue au développement des échanges et qu'elle constitue également un lubrifiant des relations sociales.

1.c.1) Contribution au développement des échanges

Les économistes se sont beaucoup intéressés à l'étude de la confiance comme facteur de développement des échanges. Ainsi, plusieurs auteurs sont arrivés à la conclusion que la confiance contribue à l'accroissement des échanges notamment commerciaux par la réduction des coûts. Ainsi, Dale E. Zand souligne l'efficacité des relations de confiance dans les projets. Sous l'impulsion des travaux de Hans B. Thorelli, de Jeffrey L. Bradach et de Robert G. Eccles, la confiance est envisagée comme une alternative crédible au marché et à la hiérarchie. Pour Larue Tone Hosmer, la confiance est un mécanisme

---

[53] Idem note 25, page 10

[54] http://www.lex-electronica.org/docs/articles_47.pdf

facilitant la mise en place de relations collaboratives adaptées à l'organisation contemporaine.

1.c.2) Lubrifiant des relations sociales

Pour d'autres auteurs, la confiance rend possible les rapports sociaux. Elle contribue au renforcement des relations sociales. Kenneth Arrow, considère la confiance comme un lubrifiant des relations sociales.

1.d) Typologie

Lynne G. Zucker[55]distingue trois types de confiances : la confiance interpersonnelle, la confiance inter-organisationnelle et la confiance institutionnelle. La littérature sur la confiance retient un quatrième type. Il s'agit de la confiance organisationnelle.

1.d.1) La confiance interpersonnelle

La confiance interpersonnelle est définie par les chercheurs suivants: Niklas Luhmann[56];Anthony Giddens[57]; Akbar Zaheer, Bill McEvily et Vincenzo Perrone[58] comme la confiance placée par des individus dans d'autres individus. Elle se construit sur des bases cognitives et affectives selon plusieurs auteurs : Jeffries Frank et Reed Richard[59]; J.David Lewiset Andrew Weigert[60]; Daniel J. Mc Allister.[61]Elle est basée sur la réputation et sur la compétence reconnue suite à des expériences antérieures.

Pour Valérie Neveu, « La confiance interpersonnelle désigne la confiance qui peut naître entre deux individus (dans le cadre de la

---

[55]http://content.cdlib.org/ark:/28722/bk0003t9k8m/?layout=metadata
[56]https://openlibrary.org/books/OL22344724M/*Trust*_and_Power
[57]http://www.sup.org/book.cgi?id=2664
[58]https://www.google.fr/?gws_rd=ssl#q=does+*trust*+matter
[59]http://amr.aom.org/content/25/4/873.full.pdf+html
[60]http://sf.oxfordjournals.org/content/63/4/967.full.pdf+html
[61]http://portal.psychology.uoguelph.ca/faculty/gill/7140/WEEK_3_Jan.25/McAllister_AMJ1995.pdf

relation de travail, il peut s'agir de la confiance entre collaborateur ou encore un salarié et son supérieur hiérarchique direct)»[62]

Oliver E. Williamson distingue deux types de confiance au niveau des relations interpersonnelles. Dans *la confiance calculée*, les relations de confiance sont des relations calculées lorsque les personnes sont dans le contexte d'une relation commerciale.

Dans *la confiance personnelle*, « la confiance ne s'applique que dans le domaine de la sphère privée. Elle est caractérisée par l'absence de surveillance, une anticipation positive des actions et une expression discrète »[63]

1.d.2) La confiance organisationnelle

La confiance se pose également dans les organisations où les chercheurs notamment en sciences de gestion étudient son impact sur les structures. Pour Valérie Neveu, « La confiance organisationnelle désigne, elle, à la fois, au sens large, la confiance au sein d'une organisation et, au sens strict, la confiance que les salariés peuvent placer dans les dirigeants de leur entreprise »[64]

1.d.3) La confiance inter-organisationnelle

La confiance inter-organisationnelle est définie par Akbar Zaheer, Bill Mc Evily et Vincenzo Perrone comme « la confiance accordée par les membres d'une organisation à l'organisation associée »[65], « (...) elle s'établirait au niveau des relations entre organisations (elle est étudiée notamment dans le cas d'alliances interentreprises) »[66]

---

[62] http://www.reims-ms.fr/agrh/docs/actes-agrh/pdf-des-actes/2004neveu072.pdf
[63] Frédéric Bornarel, La confiance comme instrument d'analyse de l'organisation, http://www.cairn.info/revue-francaise-de-gestion-2007-6-page-95.htm#no3
[64] Valérie Neveu, La confiance organisationnelle : définition et mesure, http://www.reims-ms.fr/agrh/docs/actes-agrh/pdf-des-actes/2004neveu072.pdf
[65] Idem note numéro 28
[66] Valérie Neveu, La confiance organisationnelle : définition et mesure. http://www.reims-ms.fr/agrh/docs/actes-agrh/pdf-des-actes/2004neveu072.pdf

1.d.4) La confiance institutionnelle

Pour la sociologue Lynne. Zucker, « La confiance produite localement doit être reconstruite comme intersubjective, extérieure à une situation donnée, comme faisant partie d'un monde commun, objective car réutilisable par d'autres personnes sans que la compréhension commune des actions effectuées par chacun ne change»[67]

1.e) Formes

Certains chercheurs se sont intéressés à l'étude des formes de la confiance. Ainsi, selon Wafa Khlif[68], deux variables sont à la base de la configuration de la confiance : une variable rationnelle basée sur l'intérêt ou la cognition et une variable émotionnelle basée sur l'affection. Une combinaison de la variable rationnelle et de la variable affective permet d'obtenir des variantes plus affinées de la confiance.

1.e.1) La confiance rationnelle

Selon G. Charreau, «La confiance rationnelle repose sur l'intérêt et dérive de la théorie économique et plus particulièrement de la théorie de l'agence et de la théorie des transactions et des structures informelles»[69] Elle implique deux parties et repose sur une compétence reconnue et acceptée par l'autre partie.

1.e.2) La confiance affective

La confiance affective repose sur la bienveillance réciproque des parties en relation. La bienveillance sera mesurée dans le cadre des transactions monétaires par téléphone mobile dans le cadre de la présente étude.

---

[67] Idem note numéro 26. Page 63

[68]http://hal.archives-ouvertes.fr/docs/00/32/72/67/PDF/Khlif-*Confiance*-controle.pdf

[69]http://www.ismea.org/ismea/gestion.15.html

1.e.3) Configuration de la confiance

Selon le niveau de combinaison de la variable affective et de la variable rationnelle, on obtient la confiance instrumentale ou technique, la confiance sociale ou comportementale et la confiance morale ou affective. La confiance étudiée dans le cadre de ce travail s'apparente à la confiance instrumentale ou technique avec une dominance de la variable rationnelle. La figure suivante montre les différentes combinaisons possibles des variables de la confiance.

Figure 7 : Les configurations de la confiance à travers les variables de base

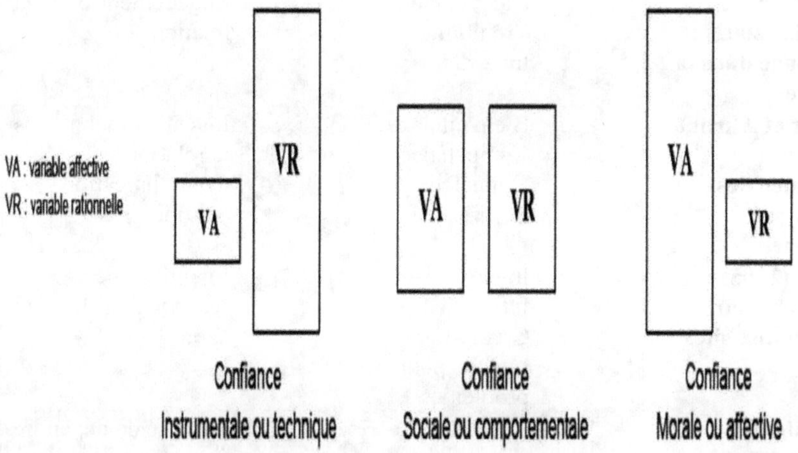

Source : Les configurations de *confiance* à travers les variables de base Khlif (2000)[70]

1.f) Facettes de la confiance

La mesure de la confiance passe par l'identification de ses éléments mesurables. Plusieurs auteurs se sont penchés sur cette

[70] Idem note numéro 36, page 4.

problématique. Les auteurs Boris Bartikowsky, Jean-Louis Chandon et Brigitte Müller (Bartikowsky, Chandon & Müller, 2007) dressent le tableau ci-dessous sur les facettes de la confiance.

Tableau 1: Les facettes de la confiance

Auteur(s) et cadre	Facettes des croyances constitutives de la confiance	Facettes des intentions d'engagement dans une relation de confiance
Frisou (2000) : Confiance dans la marque	Bienveillance Cohérence Compétence	Engagement implicite Engagement explicite
Gurviez et Korchia (2002) : Confiance dans la marque	Bienveillance Crédibilité Intégrité	Engagement pour la relation
Akrout et Akrout (2004) : Confiance des acheteurs industriels	Bienveillance Compétence Honnêteté Sécurité	Investissement dans la relation Communication confidentielle
Chouk (2005) : Confiance par rapport aux sites Web	Intégrité 1 Intégrité 2 Crédibilité Intérêt pour les problèmes	Intentions de retourner sur le site Web
Mc Knight, Choudhury et Kacma (2002) : confiance par rapport aux sites Web (repris ici)	Bienveillance Compétence Intégrité	Volonté de dépendre en général Volonté de suivre les conseils Disposition à donner des informations personnelles Intention d'achat sur site

Source : (Bartikowsky, Chandon et Müller, 2007)[71]

[71] Mesurer la confiance des internautes dans les sites web marchands, adaptation de l'échelle de Mc knight, http://www.cergam.org/fileadmin/files/cerog/wp/815.pdf

Les sept facettes de la confiance retenues par les auteurs D. Harrison Mc Knight, Vivek Choudhury et Charles Kacma présentées sur la dernière ligne du tableau ci-dessus seront mobilisées dans ce travail pour la mesure de la confiance des utilisateurs d'Orange Money. Elles sont : la bienveillance, la compétence, l'intégrité, la volonté de dépendre, la volonté de suivre les conseils, la disposition à donner des informations personnelles et l'intention d'achat sur le site en ligne. Cette dernière facette a été remplacée par l'intention de payer par téléphone mobile.

1.g) Dimensions et types

Les dimensions de la confiance présentées par les auteurs D. Harrison Mc Knight, Vivek Choudhury et Charles Kacma, cités par Boris Bartikowsky, Jean-Louis Chandon et Brigitte Müller sont reprises dans le tableau ci-dessous.

Tableau 2: Les dimensions de la confiance

Type de confiance	Dimensions de la confiance et définitions
Disposition à faire confiance	Propension générale d'un individu à dépendre des autres avec deux sous-dimensions : ***croyance en l'humanité*** (perception des autres comme étant honnêtes, fiables et bien intentionnés) et ***attitude confiante*** (idée que les résultats sont meilleurs en traitant avec des personnes fiables)
Confiance dans l'institution	Croyance que certaines conditions favorables existent (p.ex. l'environnement légal ou technique), permettant d'augmenter la probabilité de succès avec deux dimensions ***conviction structurelle*** (croyance que des structures protectrices, telles que garanties, contrats, promesses ou recours légaux, existent et sont propices au succès) et ***normalité situationnelle*** (croyances des individus que la situation est normale, favorable ou propice au succès).
Croyance constitutive de la confiance	Croyance que l'autre partie de l'échange a une ou plusieurs caractéristiques bénéfiques pour soi-même avec trois sous-construits : ***bienveillance*** (attention pour les intérêts des autres), ***compétence*** (aptitudes techniques et expertise) et ***intégrité*** (le fait d'honorer ses engagements).
Intention d'engagement dans une relation confiante	Intentions d'engagement dans un comportement fondé sur la confiance. Cela signifie qu'un individu est prêt à s'engager, ou s'apprête à s'engager, à dépendre de l'autre, sans pour autant pouvoir contrôler l'autre. Quatre sous-dimensions ont été identifiées : ***l'acceptation de la dépendance*** (Willingness to depend), la ***volonté de suivre les conseils*** (Follow Advice), la ***disposition à donner des informations personnelles*** (Give Personnal Information) et ***l'intention d'achat sur site*** (Make Purchase).

1.g.1) Le modèle multidimensionnel de la confiance

Dans la figure ci-dessous, les auteurs Félix B. Tan et de Paul Sutherland présentent le modèle multidimensionnel de la confiance.

Figure 8: Modèle multidimensionnel de la confiance

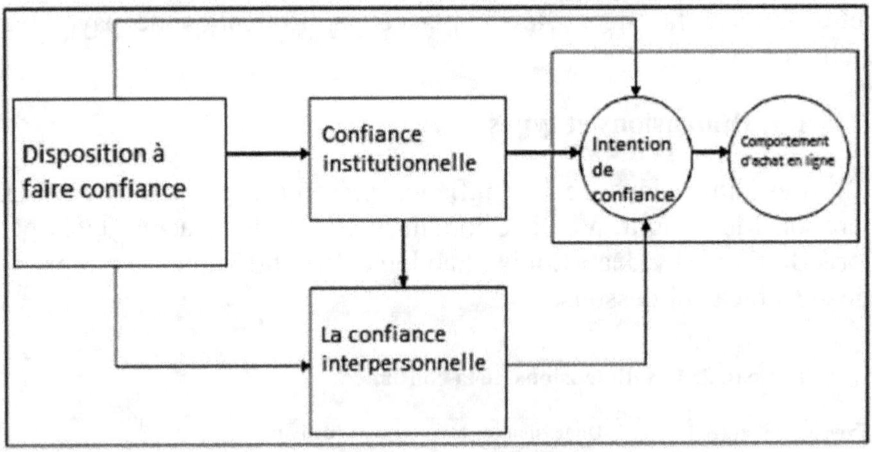

Source : modèle multidimensionnel de la confiance (Tan et Sutherland, 2004)[72]

1.g.2) Relation entre les types de confiance

Les auteurs D. Harrison Mc Knight, Vivek Choudhury et Charles Kacma retiennent quatre types de confiance : la disposition à faire confiance, la confiance dans l'institution, les croyances constitutives de la confiance, les intentions d'engagement. Les relations entre les quatre types de confiance précités sont représentées dans la figure ci-dessous.

[72] http://www.igi-global.com/article/online-consumer-trust/3435

Figure 9 : Relation entre les quatre variantes de la confiance

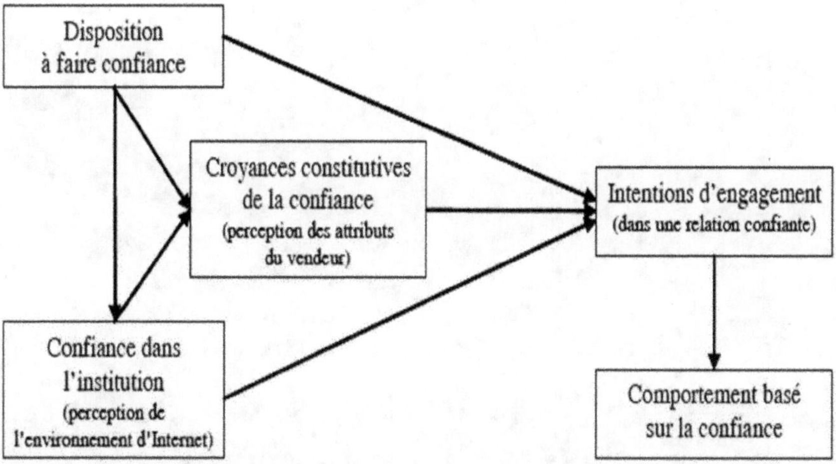

Source : Relation entre les quatre type de la confiance (Mcknight, Choudhury et Kacmar, 2002), citée parBartikowsky, Chandon et Müller.

CHAPITRE II

ENVIRONNEMENT ÉCONOMIQUE ET POLITIQUE NATIONALE DES TIC AU MALI

Il est généralement admis dans la littérature scientifique que le contexte a une influence sur son sujet et vice-versa. Dans le cadre de la présente recherche, nous étudions la confiance dans Orange Money par les citadins dans un milieu économique et politique à connaître. L'objectif recherché ici est d'apporter un éclairage sur les ancrages économiques et politiques de l'utilisation du téléphone mobile dans les transactions monétaires. Ce chapitre est composé de deux paragraphes dont le premier est relatif à l'environnement économique et le second à la politique nationale des TIC. Ils sont présentés successivement ci-dessous.

2.a) Environnement économique

Les données économiques de ce paragraphe sont extraites d'une publication récente de l'Institut National de la Statistique (INSTAT) du Mali. Elles sont présentées en quatre parties qui correspondent aux principaux objets de recherche en sciences économiques : la production, le prix, l'échange et la monnaie.

2.a.1) La production

La structure du Produit Intérieur Brut (PIB) par branches d'activités sera d'abord présentée avant sa contribution sectorielle à la croissance économique du pays et à la croissance du PIB.

2.a.1.1) Structure du Produit Intérieur Brut par branches d'activités

Le secteur primaire est dominé par la branche agriculture et la branche élevage avec respectivement 43% et 38% du Produit Intérieur Brut (PIB) du primaire. Le secteur secondaire est dominé par la sous-branche métallurgie et fonderie et la branche bâtiment et travaux publics (BTP). Cette dernière contribue en moyenne à 38% du PIB du secteur secondaire. Le secteur tertiaire est quant à lui dominé par le commerce qui représente près du quart de la valeur ajoutée du secteur. La branche administration publique et la branche transports et télécommunications représentent respectivement 23% et 17%en moyenne du PIB du tertiaire. Le tableau ci-dessous, extrait des comptes nationaux du Mali, montre la structure du Produit Intérieur Brut (PIB) sur une décennie et par branches d'activités économiques.

Tableau 3 : Structure du PIB par branches d'activités (% du PIB courant)

	1999	2004	2005	2006	2007	2008	2009	2010
Secteur primaire	35,6	30	32,4	29,8	31,4	33,1	30,7	31,7
Produit de l'agriculture vivrière	11,6	9,1	10,6	9,6	10,8	12,9	12,9	14,8
Produits agricoles destinés à l'industrie ou à l'exportation	3,3	3,5	3,1	2,4	2	1,6	1,7	1,7
Produit de l'élevage et de la chasse	13,8	11,5	12,7	11,9	12,4	12,6	10,6	10,4
Autres	6,9	5,9	6	5,9	6,2	6,1	5,4	4,9
Secteur secondaire	18,2	22,6	22,6	25,8	23,8	21,8	23,1	22,6
Produits de l'industrie agroalimentaire	2,4	4,3	4,3	4,1	3,9	3,8	4,8	5,2
Textiles et articles d'habillements	3,2	2,3	0,5	0,5	0,5	0,9	0,8	0,8
Métallurgie fonderie (Or)	2,9	4,5	5,9	10,1	8,6	8,1	6,2	6,2
Travaux de construction	5,3	8	8,7	8,1	8	6,9	7,5	7
	1999	2004	2005	2006	2007	2008	2009	2010
Autres	4,4	3,5	3,3	3	2,8	2,1	3,8	3,4
Secteur tertiaire	37,3	36,5	34,8	34,6	36	36,9	38,2	37,7
Commerce	9	8,4	9	8,5	8,7	10,2	11,3	10,8
Services de transports et de communications	6,8	5,6	5,7	6,2	6,6	4,9	5,5	5,6
Services financiers	1,6	1,4	1,1	1,4	1,8	1,7	1,5	1,5
Services immobiliers et services aux entreprises	3,4	3,7	4,1	3,8	3,7	4,2	5,5	5,8
Services d'administration publique	7,8	9,3	8	7,6	8,3	9,4	8,4	8,5
Autres	8,7	8,1	6,8	7,1	6,8	6,4	6	5,7
Impôts nets sur produits	8,9	10,8	10,2	9,8	8,9	8,1	8,1	8
Produit intérieur brut au prix du marché	100	100	100	100	100	100	100	100

Le graphique ci-après, extrait du rapport du FMIN°13/380, montre l'évolution de la croissance du PIB réel du Mali de 2009 à 2016. En 2012, les bonnes récoltes et la production d'or ont atténué l'impact de la crise sécuritaire sur la production. En 2013, les secteurs agricoles et des services contribuent à la reprise.

Figure 10 : Croissance du PIB réel (en pourcentage)

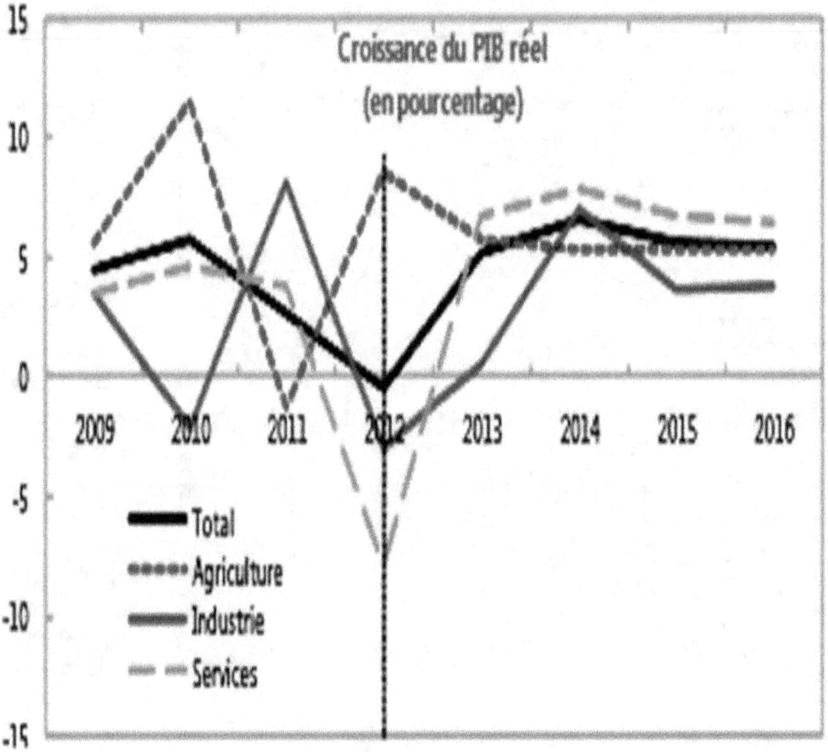

Source : Rapport du FMI N°. 13/380

2. a.1.2) Contribution sectorielle à la croissance économique

Le tableau ci-après, extrait des comptes nationaux du Mali, montre la contribution des trois secteurs d'activités économiques au Produit Intérieur Brut (PIB). Il ressort de l'analyse de ce tableau que le secteur tertiaire a le plus contribué à la croissance du PIB avec 2 points. Il est suivi du secteur primaire et du secteur secondaire avec respectivement 1,6 et 1,5 points de croissance en moyenne.

Tableau 4 : Contribution à la croissance des secteurs

	2000	2004	2005	2006	2007	2008	2009	2010
Secteur primaire	**-3,8**	**-0,5**	**2,3**	**1,4**	**1,1**	**3,7**	**1,8**	**2,7**
Produit de l'agriculture vivrière	-2,4	-0,7	0,8	1,2	0,4	2,7	0,6	1,9
Produits agricoles destinés à l'industrie ou à l'exportation	-1,6	-0,2	-0,1	-0,4	-0,6	0,1	0,3	0,1
Produit de l'élevage et de la chasse	0,3	0,1	1,2	0,4	0,8	0,7	0,4	0,3
Autres	-0,1	0,2	0,4	0,2	0,5	0,3	0,5	0,3
	2000	2004	2005	2006	2007	2008	2009	2010
Secteur secondaire	**3,9**	**0,3**	**1,6**	**1,1**	**-0,4**	**-0,3**	**0,1**	**0,6**
Produits de l'industrie agroalimentaire	2,1	0,7	-0,6	0,3	0,2	-0,4	-0,4	0,6
Textiles et articles d'habillements	0	0,3	-0,5	-0,3	0,2	0,3	0	0,1
Métallurgie fonderie (Or)	0,1	1,3	1,5	0,5	-2,1	-0,6	-2	-0,9
Travaux de construction	1,5	0,7	1,2	0,2	0,9	0,1	0,7	0,5
Autres	0,3	-2,7	0,1	0,4	0,4	0,2	1,8	0,3
Secteur tertiaire	**-0,4**	**1,4**	**2,3**	**2**	**3**	**1,9**	**2,2**	**1,9**
Commerce	-0,1	0	1	0,3	0,7	1,5	0,3	0,1
Services de transports et de communications	-1,2	0,2	0,9	0,8	0,8	0,1	0,4	0,5
Services financiers	-0,1	-0,1	-0,1	0,6	0,3	0	0,2	0
Services immobiliers et services aux entreprises	-0,3	0,4	0,8	-0,2	0,6	0	0,1	0,4
Services d'administration publique	1,2	0,6	0,1	0	0,2	0,5	0,7	0,4
Autres	0,1	0,3	-0,4	0,5	0,4	-0,3	0,5	0,5
Impôts nets sur produits	**0,1**	**0,4**	**0,4**	**0,2**	**-0,2**	**-0,6**	**0,4**	**0**
Produit intérieur brut au prix du marché	**-0,1**	**1,6**	**6,5**	**4,7**	**3,5**	**4,8**	**4,4**	**5,1**

Source : INSTAT

Le tableau ci-dessous issu des comptes nationaux du Mali montre une contribution de 3,3 points de la croissance au PIB par la consommation des ménages. La formation brute de capital fixe a contribué pour 2 points à la croissance du PIB. Les variations de stocks ont contribué en moyenne à 0,4 points de la croissance. Les exportations tirées par l'or ont progressé de 5%. Quant aux importations, elles ont progressé de 6,4%.

Tableau 5 : Contribution à la croissance des échanges extérieurs est restée légèrement négative avec -0,1 point de pourcentage.

	2000	2001	22002	2003	2004	2005	2006	2007	2008	2009	2010
PIB	-0,1%	15,4%	3,1%	9,1%	1,6%	6,5%	4,7%	3,5%	4,8%	4,4%	5,1%
CM	-1,3%	5,5%	-1,5%	5,5%	3,2%	4,8%	3,4%	4,1%	5,7%	5,0%	1,9%
CP	1,4%	1,3%	1,0%	0,2%	1,0%	0,3%	0,1%	0,9%	1,1%	1,1%	1,0%
FBCF	0,9%	2,7%	0,6%	1,6%	2,0%	1,8%	1,8%	1,0%	4,4%	2,7%	1,2%
Var ST	-1,9%	3,9%	-4,0%	7,3%	-3,4%	-1,4%	0,7%	1,6%	-0,8%	1,3%	0,8%
Exports	1,0%	10,0%	5,2%	-2,6%	--1,5%	2,8%	2,2%	-3,0%	0,2%	-2,8%	-0,3%
Imports	-0,2%	-8,1%	1,9%	-2,9%	0,4%	-1,8%	-3,3%	-1,0%	-5,7%	-2,9%	0,5%
Secteur extérieur	0,9%	1,9%	7,0%	-5,5%	-1,1%	1,0%	-1,1%	-4,0%	-5,6%	-5,7%	0,3%
Demande totale	0,1%	23,4%	1,2%	12,0%	1,2%	8,4%	8,0%	4,5%	10,5%	7,4%	4,6%
Demande intérieure	-0,9%	13,5%	-3,9%	14,6%	2,7%	5,5%	5,8%	7,5%	10,3%	10,2%	4,9%
Demande finale	2,0%	19,5%	5,3%	4,7%	4,6%	9,7%	7,3%	3,0%	11,3%	6,0%	3,8%
Dem. Inter. Hors St.	1,0%	9,6%	0,1%	7,3%	6,1%	6,9%	5,0%	5,9%	11,2%	8,9%	4,1%

Source : INSTAT

2. a.2) Prix

Selon l'INSTAT, l'évolution générale des prix au Mali de 2000 à 2010 a été marquée par trois facteurs importants :

-La baisse importante des prix (-7,6%) en 2003 liée à la bonne campagne agricole de 2002 ;

-La hausse significative des prix (+7,5%) en relation avec la baisse importante de la production agricole due à l'invention acridienne de 2004 ;

-La hausse importante des prix (8%) est liée à la crise alimentaire et à la flambée des prix du pétrole. Selon les analyses de l'INSTAT, la variation du niveau général des prix du secteur primaire de 3,5% est essentiellement due aux fluctuations de la production agricole. La variation du secteur secondaire atteint en moyenne 3,6%. Quant au secteur tertiaire, la variation du niveau général des prix s'élève à 3,6%. Selon l'INSTAT, le secteur tertiaire bénéficie de la baisse des prix dans la branche transports et télécommunications notamment avec l'essor de la téléphonie mobile. Le graphique ci-dessous extrait du rapport du FMI N°13/380 montre l'évolution générale des prix au Mali de janvier 2009 à juillet 2013. En 2012, l'inflation a augmenté, tirée par les prix des produits alimentaires suite à la mauvaise récolte de 2011. En 2013, l'inflation a baissé suite à la bonne récolte de 2012.

Figure 11 : Inflation (variation annuelle en %, moyenne)

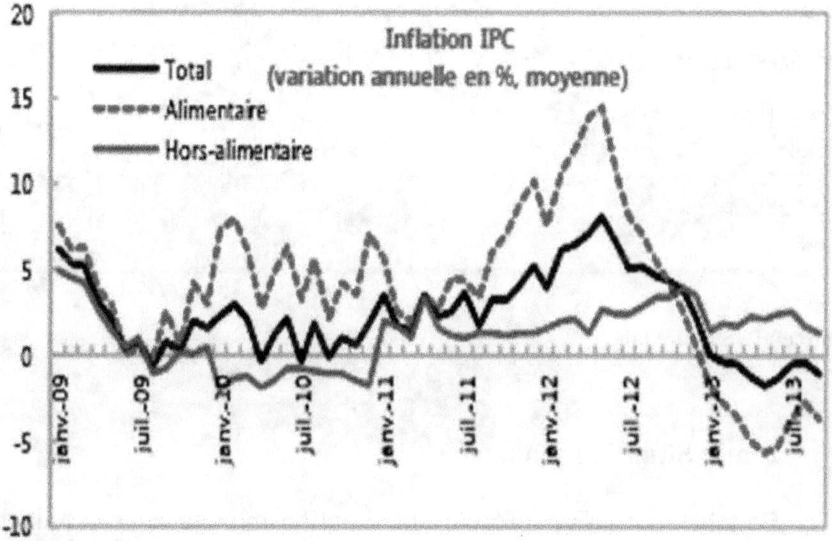

Source : rapport du Fonds Monétaire International N°13/380

2. a.3) Echanges

Le tableau ci-dessous extrait des comptes nationaux du Mali montre que les soldes des échanges extérieurs sont négatifs entre 1999 et 2010.

Tableau 6 : Structure emplois du Produit Intérieur Brut (en % du PIB courant)

	1999	2004	2005	2006	2007	2008	2009	2010
Consommation finale	91,6	86,3	87,3	82,9	84,5	89	82	82,8
Consommation finale des ménages	76,9	70,9	73,4	69,7	70,5	73,4	67,8	68
Consommation publique	14,7	15,5	13,8	13,3	13,9	15,6	14,2	14,7
Formation brut de capital fixe	16,3	20,2	20,2	20,2	20,5	23,1	21,2	22,1
Variation des stocks	1,6	1,4	0,6	1	3,4	1,1	2,5	2,8
Soldes des échanges extérieurs	-9,5	-9,3	-10,9	-1,3	-8,7	-6,4	-11	-12,1
Exportations de biens et services	20,3	23,7	23	28,4	24,2	25,3	20,1	20,4
Importations de biens et services	-29,8	-32,9	-33,9	-29,7	-32,9	-31,6	31,1	-32,5

Source : INSTAT Mali

2. a.4) Situation monétaire

Le tableau ci-après présente la situation monétaire et la balance commerciale du Mali. Il ressort de l'analyse de ce tableau que grâce à une politique budgétaire restrictive, l'Etat a réduit son financement bancaire net en 2013, ce qui a permis aux banques de prêter davantage au secteur privé : le crédit à l'économie a progressé de 7,4% sur la période de 12 mois qui a pris fin en septembre. Le solde des transactions courantes s'est creusé et devrait atteindre 7% du PIB en 2013 à cause de la baisse des cours internationaux de l'or et une légère diminution de la production d'or après la fermeture d'une mine. Les indicateurs de stabilité du secteur financier se sont plus ou moins stabilisés. Le secteur bancaire est resté bien capitalisé. Cependant les prêts improductifs ont augmenté de 21,5%. Les banques ont bénéficié de refinancement auprès de la Banque Centrale des Etats de l'Afrique de l'Ouest (BCEAO). L'inflation moyenne est tombée de 5,3% en 2012 à -0,1% en octobre 2013.La figure ci-dessous présente l'évolution de la balance des paiements du Mali entre 2009 et 2016. Elle montre des soldes globaux nuls entre 2013 et 2015. Cette tendance d'évolution des soldes se poursuivra jusqu'en 2016. Les données sont représentées en pourcentage du PIB.

Tableau 7a : Situation monétaire du Mali de 2011-2016

Crédit net au gouvernement	**-203.7**	**-54.2**	**-84.7**	**-30.6**	**-29.3**	**-18.4**	**-20.5**	**-25.6**
BCEAO, net	-11.2	75.9	47.8	83.9	88.2	88.6	81.5	75.4
Banques commerciales, net	-192.5	-1301	-132.5	-114.6	-118.1	-102.0	-102.0	-102.0
Autres institutions	0.0	0.0	0.0	0.0	0.0	0.0	0.0	0.0
Crédits à l'économie	1,048.3	1,088.2	1,129.5	1192.0	1,175.6	1,300.6	1,473.9	1,674.3
Autres postes, nets	-47.6	-30.1	-31.1	-30.1	-30.1	-30.1	-30.1	-30.1
Masse monétaire	1,492.0	1,711.7	1,755.4	1,838.0	1,338.7	2,006.1	2,183.3	2,386.1
Circulation fiduciaire	415.4	607.5	510.1	545.0	645.2	594.3	647.3	707.6
Dépôts en banque	1,076.6	1,204.2	1,245.3	1,293.1	1,293.6	1,411.3	1,335.8	1,676.7
Monnaie centrale (MO)	643.5	733.6	713.3	787.8	788.1	859.8	935.7	1,022.7
Réserves internationales brutes (BCEAO)	701.4	607.6	675.6	684.6	684.6	737.0	744.5	791.2
En pourcentage de la masse monétaire	47.0	33.5	38.5	37.2	37.2	36.7	34.1	31.5
Contribution en croissance de la masse monétaire	(en pourcentage de la masse monétaire du début de période)							
Masse monétaire	16.3	14.7	13.2	7.4	7.4	9.1	8.8	9.3
Avoirs extérieurs nets	-2.5	0.2	10.2	0.6	1.7	1.6	0.3	0.3
BCEAO	2.5	-2.9	4.1	0.6	1.7	1.6	0.3	0.3
Banques commerciales	-6.0	3.1	6.1	0.0	0.0	0.0	0.0	0.0
Actifs domestiques	17.8	14.5	2.8	6.8	8.8	7.5	8.5	8.0
Crédits au gouvernement	6.1	10.0	-1.5	1.4	1.4	0.5	-0.1	-0.3
Crédits à l'économie	15.8	3.3	5.0	6.4	4.3	6.8	8.6	8.3
Autres postes, net	-3.1	1.2	-0.5	0.0	0.0	0.0	0.0	0.0
Pour mémoire :	(Taux de changement annuels, sauf indications contraires)							
Masse monétaire	15.3	14.7	13.2	7.4	7.4	9.1	8.8	9.3
Base monétaire	18.0	14.0	12.1	7.4	7.4	9.1	8.8	9.3
Crédits à l'économie	24.1	4.8	7.4	8.4	6.8	10.8	13.3	13.6
Vitesse de circulation	3.4	3.1	3.2	3.1	3.1	3.1	3.0	3.0
Multiplicateur monétaire	2.3	2.3	2.5	2.3	2.3	2.3	2.3	2.3
Circulation fiduciaire/M2 (en%)	27.8	28.6	29.1	29.6	28.6	29.6	29.6	29.6

Sources : les autorités maliennes et les estimations et les prévisions des services du FMI.

[1]Les taux de croissance pour septembre 2013 sont calculés par rapport à septembre 2012.

[1]Rapport des services du FMI N° 13/168 : Mali – Consultations au titre de l'article IV et décaissement au titre de la facilité rapide de crédits.

Figure 12 : Balance des paiements du Mali, 2009-16 (en pourcentage du PIB)

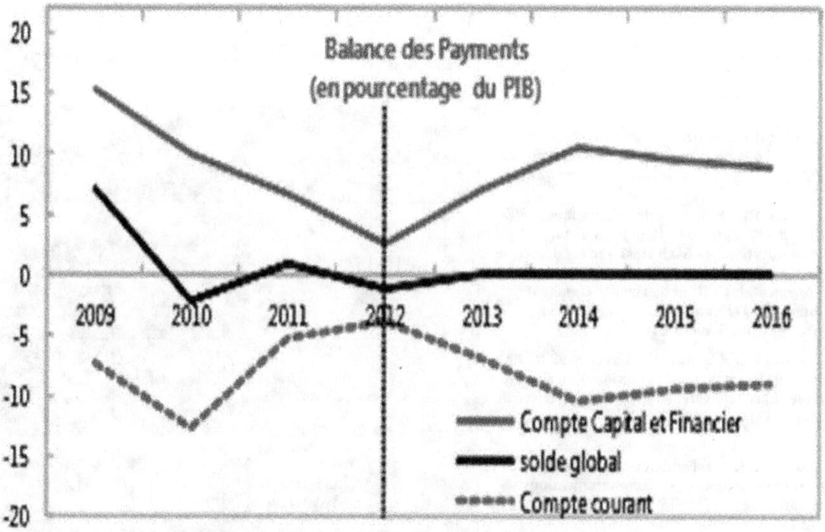

Source : Rapport du FMI N° 13/380

2.b) Politique nationale des TIC

Dans ce paragraphe, nous présentons quatre extraits de la politique nationale des TIC du Mali en relation avec notre étude. La première porte sur le cadre juridique dont le Mali s'est doté pour favoriser le développement des TIC. Les trois autres portent respectivement sur l'utilisation des TIC en faveur des populations, du secteur secondaire et du primaire.

2. b.1) Politique nationale des TIC du Mali

Le tableau ci-après présente la planification des objectifs dans le temps avec les moyens et les structures à mobiliser.

Tableau 7b : Extrait de la politique nationale et plan stratégique national des TIC

Description	Délais de réalisation	Indicateurs	Structures	Coûts directs
Objectif 1: Adapter le cadre juridique et institutionnel à la promotion et au développement des TIC	2008-2015			
Action 1.1.: Relecture de l'ordonnance n°99-043/PRM du 30 septembre 1999 régissant les télécommunications au Mali ainsi que ses décrets et arrêtés d'application en vue de les adapter au développement des TIC et d'ériger le Comité de Régulation des Télécommunication (CRT) en Autorité de régulation des TIC	2006-2007	Textes adoptés.	MCNT,MJ, MEF, MFPRERI, SGG	30 000 000 (Etude et validation par un atelier
Action 1.2: Relecture du décret N°98-06 PM-RM du 27/02/98 en vue de la création d'un Comité technique chargé du suivi et de la mise en œuvre de la politique Nationale TIC	2006	Comité opérationnel.	MCNT, MPAT	
Action 1.3: Finalisation du processus d'ouverture du secteur des télécommunications (privatisation de la SOTELMA)	2006	Ouverture du capital de la SOTELMA	MEF, MCNT, MSPC, MPIPME.	
Objectif 2: Créer un environnement juridique favorable à l'économie numérique	2006-2015	Nombre de commune bénéficiaires, Nombre de centre opérationnels , Nombre d'utilisateurs	MATCL, MCNT, MJS, Société civile TIC, Secteur Privé.	
Action 2.1: Elaboration des textes législatifs sur les libertés, les affaires, le commerce électronique, la propriété intellectuelle, la sécurité et la confidentialité des données, les crimes et les délits dans le cyberespace, le libre accès aux informations publiques et à celles constituant le patrimoine de l'humanité.	2006-2015	Textes adoptés, informations disponibles en ligne.	MCNT MJ, MIC, MEFP, MSIPC, MPIPME	
Action 2.1.1: Elaboration de textes législatifs sur les libertés, la sécurité et la confidentialité des données, le libre accès aux informations publiques et à celles constituant le patrimoine de l'humanité.	2006	Textes adoptés, Informations disponibles en ligne.	MCNT, MJ, MIC, MEFP, MSIPC, MPIPME	35 000 000 (Etude et Atelier)
Action 2.2: Initiation d'une étude sur la possibilité de la création d'un Fonds National de Solidarité Numérique	2006-2007	MCNT, MEF, MSIPC, Secteur Privé, Société Civile.		20 000 000 (Etude et Atelier)
Action 2.4: Mise en place d'un Comité National pour la Société de l'Information et du Savoir partagé composé des représentants de l'Etat, de la Société Civile, du Secteur Privé et des Organisations Internationales.	2006	MCNT, MATCL, MEF, MIC, MPIPME, MPAT, MFPRERI		
SOUS TOTAL				**185 000 000**

2. b.2) Appropriation des TIC

Le tableau ci-dessous présente la planification des objectifs dans le temps avec les moyens et les structures à mobiliser pour l'appropriation des TIC.

Tableau 7: Extrait de la politique nationale et plan stratégique national des TIC

DESCRIPTION	DELAIS DE REALISATION	INDICATEURS	STRUCTURES
Objectif 3: Elaborer et mettre en œuvre un plan d'appropriation des TIC par le plus grand nombre de Maliens			
Action 3.1: Soutien aux associations et clubs dans leurs activités de promotion des TIC	2006-2015	Nombre d'associations bénéficiaires, Montants des soutiens.	MCNT, MATCL, Société Civile TIC
Action 3.2.: Création de centres d'accès communautaires pour les jeunes, les associations, les femmes dans toutes les communes en vue de l'appropriation populaire des TIC	2006-2015	Nombre de commune bénéficiaires, Nombre de centre opérationnels, Nombre d'utilisateurs	MATCL, MCNT, MJS, Société civile TIC, Secteur Privé.
Action 3.3: Information et sensibilisation du grand public à travers les média et les manifestations périodiques (Fête de l'Internet, e-Festival)	2006-2015	Nombre de manifestations organisées, Nombre de thèmes couverts, Nombre de participants, Nombre d'article publié, Nombre de journaux.	MCNT MEN Société Civile TIC, Secteur Privé.
Action 3.4: Appropriation des TIC par le plus grand nombre d'entreprises du secteur privé.	2008-2015	Nombre d'entreprises utilisant les TIC	MPIPME, MCNT, MEF, MIC, Secteur Privé

2. b.3) TIC pour le développement de l'industrie, du commerce et des services

Le tableau ci-dessous présente les principaux objectifs du Mali pour le développement du commerce, de l'industrie et des services par les TIC.

Tableau 8: Extrait de la politique nationale et du plan stratégique national des Technologies de l'Information et de la Communication

DESCRIPTION	DELAIS DE REALISATION	INDICATEURS	STRUCTURES
COMMERCE INDUSTRIE SERVICES			
Objectif 1: Utiliser les TIC pour bâtir un système fiable de collecte, d'analyse, de vérification et de diffusion de l'information dans le domaine du commerce, de l'industrie et des services			
Action1.1: Publication des dossiers d'appels d'offres publiques par voie électronique	2008-2015	Dossiers sont disponibles, réalité de la concurrence	MEF, MPAT, MPIPME, MIC, CCIM, Secteur Privé, DGMP.
Action 1.2: Création d'un portail national pour soutenir les activités du commerce, des industries, des services et des affaires	2008-2015	Le portail est crée, taux d'utilisation, Types et qualité d'informations véhiculées	MCNT, MIC, MPAT, CCIM, Secteur Privé.
Objectif 2: Promouvoir la création des entreprises dans le secteur des TIC			
Action 2.1: Aménagement de Cyber parcs TIC aussi bien à Bamako que dans les régions bénéficiant de rabattements fiscaux et d'infrastructures de base pour attirer les opérateurs économiques du secteur des TIC	2008-2015	Nombre de parcs TIC aménagés, Taux d'utilisation, Frais incitatifs proposés, Eclosion de nouveaux acteurs économiques	MCNT, MEF, MPAT, MPIPME, MIC, CCIM, Secteur Privé, DGMP.
Objectif 3: Promouvoir le développement du commerce électronique et de e-business			
Action 3.1: Promotion due-banking et des moyens de paiement électronique	2008-2015	Moyens de paiements électroniques disponibles, Types et moyens de paiements électroniques disponibles, Nombre d'utilisateurs, Nombre de transactions électroniques bancaires	MCNT, MEF, MPAT, MPIPME, MIC, CCIM, Secteur privé.
Action 3.2: Promotion de la télé service pour faciliter la pénétration des marchés extérieurs.	2008-2015	Nombre de missions commerciales, volume du marché, Nombre de contrats de partenariat signés	MCNT, MEF, MPAT, MPIPME, MIC, CECIM, Secteur Privé.

2. b.4) TIC pour le développement rural

Le tableau ci-après présente la planification des objectifs dans le temps avec les moyens et les structures à mobiliser pour le développement rural.

Tableau 9: Extrait de la politique nationale et du plan stratégique national des Technologies de l'Information et de la Communication

Description	Délais de réalisation	Indicateurs	Structures
Développement rural			
Objectif 1 : Utiliser les TIC en ayant recours aux langues nationales comme instrument de production, de gestion, de promotion de produits et programmes agricoles, pastoraux, halieutiques et de la recherche.			
Action 1 : Recyclage et formation des agents aux TIC	2006-2015	Nombre de formation, Types de formation, Nombre de formés	MCNT, MA, MEP
Action 1.2. Etablissement d'un réseau informatique entre les différents services pour installer un système d'information en temps réel	2008-2015	Le réseau est fonctionnel, les informations sont disponibles en temps réel, qualité et quantité des informations	MCNT, MA, MEP
Action 1.3. Connexion des associations et organisations paysannes à travers le pays et initiation de leurs membres à l'usage d'Internet	2006-2015	Organisations connectées, Nombre de sessions de formation, Qualité des échanges.	MCNT, MA, MEP, IER
Action 1.4. Création de réseaux spécialisés afin de développer des contenus divers et variés en direction du monde rural, du milieu des affaires et du monde scientifique pour l'amélioration et la commercialisation de la production	2008-2015	Les réseaux existent, les contenus sont disponibles, Taux d'utilisation, Amélioration de la production et de la commercialisation, Interaction entre les paysans et les chercheurs	MCNT, MA, MEP, APCAM, MEN, Producteurs, Chercheurs, ONG, CICM, Associations Professionnelles.
Action 1.5: Mise en œuvre du Système d'Information numérisé sur les filières agricoles du Mali	2008-2015	Système opérationnel, base de données disponible sur les filières, taux d'utilisation des informations, Qualité d'analyse des informations	MCNT, MA, MEP, IER.
Action 1.6. Archivage numérique des documents de toutes les structures du secteur agricoles.	2008-2015	Nombre de documents archivés.	MCNT, MA, MEP, Archives Nationales.
Action 1.7. Création de cyberespaces agricoles en y privilégiant l'utilisation des langues nationales.	2008-2015	Nombre de cyberespaces crées, Taux de fréquentation.	MCNT, MA, MEP, IER.
Action 1.8. Mise en place d'un système d'information sous-régional pour l'échange des informations sur les filières agricoles et constitution d'une banque de données numérisée	2008-2015	Système opérationnel base de données disponibles sur les filières, Taux d'utilisation des informations, Qualité d'analyse des informations	MCNT, MA, MEP, IE, Organisations sous-régionales.

CHAPITRE III

LA MONNAIE ÉLECTRONIQUE DANS LES PAYS MEMBRES DE LA BANQUE CENTRALE DES ÉTATS DE L'AFRIQUE DE L'OUEST (BCEAO)

Initialement mis en place pour faciliter la mobilité de ses usagers, le téléphone mobile assure depuis quelques années une multitude de fonctions innovantes. Dans le domaine des banques par exemple, nous assistons à une floraison des services de paiement et de transfert d'argent sur le téléphone mobile grâce à l'évolution des textes.

L'article 4 de l'instruction n°01/2006/SP de la BCEAO stipule : « Les banques, les Services des Chèques Postaux, le Trésor Public ou tout autre organisme habilité par la Loi, ainsi que les systèmes financiers décentralisés doivent utiliser toutes les opportunités offertes par la monnaie électronique pour promouvoir les moyens de paiement électronique dans les conditions optimales de sécurité et faciliter leur accès aux populations»[73]

Sous le contrôle des autorités monétaires, certaines sociétés de télécommunications ont noué des partenariats avec des banques de second rang pour proposer des services de paiement et de transfert d'argent sur téléphone mobile.

L'objectif de ce chapitre est d'apporter un éclairage sur le paysage juridique et monétaire sur le plan de la monnaie électronique dans les pays membres de l'Union Économique et Monétaire Ouest Africaine (UEMOA). Ce chapitre est articulé sur quatre points en rapport avec la monnaie électronique. Nous présenterons d'entrée de jeu le cadre juridique. Il sera suivi par une présentation des définitions, ensuite les

[73] http://www.bceao.int/IMG/pdf/Instruction_N_o_01_-_2006_-_SP_DU_31 juillet_2006.pdf

établissements de monnaie électronique, enfin la situation des partenariats entre les banques et les opérateurs de télécommunications.

3.a) Cadre juridique

Deux principaux textes régulent les établissements de monnaie électronique. Il s'agit du règlement n°15/2002/CM/UEMOA du 19 septembre 2002 relatif aux systèmes de paiement dans les États membres de l'UEMOA qui stipule en son article 2 : « Le présent règlement vise la mise en place d'un dispositif juridique relatif aux systèmes de paiement dans les États membres de l'UEMOA »[74] ; et de l'instruction n°01/SP du 31 juillet 2006 relative à l'émission de monnaie électronique qui stipule en son article 2 : « (...) la présente instruction fixe les conditions des activités des établissements émetteurs et des établissements distributeurs de monnaie électronique dans les états membres de l'UEMOA »[75]

3.b) Définitions

Les définitions que nous présentons ici sont extraites de l'article 1er du règlement n°15 de l'UEMOA et précité dans le paragraphe précédent. Elles sont en rapport avec la monnaie électronique. Nous les présentons ci-dessous suivant un ordre alphabétique.

3. b.1) Certificat électronique

Il s'agit d'« un document sous forme électronique attestant du lien entre les données de vérification de signature électronique et un signataire »[76]

---

[74] http://www.uemoa.int/Documents/Actes/Reg15_2002.pdf

[75]http://www.bceao.int/IMG/pdf/Instruction_N_o_01_-_2006_-_SP_DU_31_Juillet_2006.pdf

[76] Idem note 77

3. b.2) La monnaie électronique

Elle s'entend comme « une valeur monétaire représentant une créance sur l'émetteur qui est stockée sur un support électronique ou sur un support de même nature, émise contre la remise de fonds d'un montant dont la valeur n'est pas inférieure à la valeur monétaire émise et acceptée comme moyen de paiement par des entreprises autres que l'émetteur.

Comme moyens de stockage électronique de valeur monétaire reposant sur un support technique, la monnaie électronique peut être utilisée pour effectuer des paiements à des entreprises autres que l'émetteur sans faire intervenir nécessairement des comptes bancaires dans la transaction.

La monnaie électronique peut reposer sur un support comme la carte à puce ou sur tout autre moyen similaire. Elle peut aussi reposer sur un logiciel intégré dans un ordinateur personnel. »[77]

3. b.3) Monnaie scripturale

La monnaie scripturale désigne « tout instrument ou procédé sur support papier ou électronique admis par le présent règlement comme moyen de paiement valable. »[78]

3. b.4) Porte-monnaie électronique

C'est « une carte de paiement prépayée, c'est-à-dire sur laquelle une certaine somme d'argent a été chargée, permettant d'effectuer des paiements électroniques de montants limités. »[79]

---

[77]Règlement relatif aux systèmes de paiement dans les États membres de l'UEMOA, http://www.uemoa.int/Documents/Actes/Reg15_2002.pdf
[78] Idem note 80
[79] Idem note 80

3. b.5) Signature électronique sécurisée

Il s'agit d'« une signature électronique qui satisfait, en outre, aux exigences suivantes :

— Être propre au signataire ;

— Être créée par des moyens que le signataire peut garder sous son contrôle exclusif ;

— Garantir avec l'acte auquel elle s'attache un lien tel que toute modification ultérieure de l'acte soit détectable. »[80]

3.c) Établissements de monnaie électronique agrées et des systèmes financiers décentralisés (SFD) autorisés à émettre et gérer la monnaie électronique

Selon l'article 1er de l'instruction n°01/2006/SP précité, un établissement de monnaie électronique : « est une entreprise ou toute autre personne morale habilitée à émettre des moyens de paiement sous forme de monnaie électronique et dont les activités se limitent à :

— L'émission de la monnaie électronique ;

— La mise à la disposition du public de monnaie électronique ;

— La gestion de la monnaie électronique. »[81]

Le tableau ci-dessous de la BCEAO[82]expose la liste des établissements de monnaie électronique agrées et des Systèmes Financiers Décentralisés (SFD) autorisés à émettre et gérer la monnaie électronique.

---

80 Idem note 80
81 Idem note 80
82 Établissement de monnaie électronique, http://www.bceao.int/-Etablissements-de-Monnaie-42-.html

Tableau 10 : établissements de monnaie électroniques agrées et des SFD autorisés à émettre et gérer la monnaie électronique

Établissements	Banque(s) partenaire (s)	Dates d'agrément	Numéro d'agrément	Siège Social
FERLO	ECOBANK SENEGAL	05/05/08	EME.SN.001	
INOVA Burkina	ECOBANK Burkina et Coris Bank	28/10/09	EME.BF.002	
CELPAID	Banque Atlantique Côte d'Ivoire	30/04/10	EME.CI.003	
QASH SERVICES	BIAO CI	12/07/13	EME.CI.004	
ASMAD	Néant	28/10/13	A-09-013-C (SFD)	
MOBILE CASH SA	Banque Atlantique Sénégal	12/02/14	EME.SN.005	

Source : BCEAO

3.d) Partenariat entre les banques et les opérateurs de télécommunications

Le tableau suivant de la BCEAO[83]donne la liste des états des partenariats noués entre les banques et les opérateurs de télécommunications pour l'émission de la monnaie électronique.

[83] Idem note 85

Tableau 11 : États des partenariats noués entre les banques et les opérateurs de télécommunications pour l'émission de monnaie électronique.

Établissements	Opérateurs de télécommunication	Nature des prestations	Avis de la BCEAO	Observations
BENIN (05)				
ECOBANK BENIN	MTN Mobile Bénin	Solution de paiement et de transfert d'argent basée sur le téléphone portable.	Favorable	Néant
BOA	MTN Mobile (Spacetel)	Solution de paiement et de transfert d'argent basée sur le téléphone portable.	Favorable	Néant
BOA Bénin	ETISALAT Bénin (Flooz)	Solution de paiement et de transfert d'argent basée sur le téléphone portable.	Favorable	Néant
Banque Atlantique Bénin	ETISALAT Bénin (Flooz)	Solution de paiement et de transfert d'argent basée sur le téléphone portable.	Favorable	Néant
DIAMOND BANK	SPACETEL Bénin	Solution de paiement et de transfert d'argent basée sur le téléphone portable.	Favorable	Néant
BURKINA (03)				
BICIAB	TELMOB Burkina	-Téléphone portable : -Chargements ; -Retraits ; -Paiement	Favorable	Néant
ECOBANK Burkina	Airtel/Zain Burkina		Favorable	Néant
CORIS BANK	Airtel Burkina		Favorable	Néant
COTE D'IVOIRE (06)				
BICICI	Orange Côte d'Ivoire	Solution de paiement et transfert basée sur les téléphones portables. Orange est le partenaire technique et BICI est l'émetteur de monnaie électronique.	Favorable	Néant
SGBCI	MTN Côte d'Ivoire	Service de transfert d'argent et paiement à partir d'un téléphone mobile. Dans le projet proposé, la SGBCI est l'émetteur de la monnaie électronique, tandis que l'opérateur de télécommunication assure la distribution de cette monnaie auprès des populations	Favorable	Néant
UBA Côte d'Ivoire	MTN Côte d'Ivoire	-le transfert d'argent de compte à compte, de compte à cash et de cash à cash ; -le paiement de factures ; -l'achat de recharge téléphonique ; -le paiement de factures (eau ou électricité) ; -le virement de salaires, d'honoraires ou tout autre type de rémunération.	Favorable	Néant
BIAO-CI	MooV-CI	-le transfert d'argent de compte à compte, de compte à cash et de cash à cash ; -le paiement de factures.	Favorable	Néant
BIAO-CI	MTN-CI	-le transfert d'argent de compte à compte, de compte à cash et de cash à cash ; -le paiement de factures (eau ou électricité, etc.) ; -l'achat de recharge téléphonique ; -le rechargement du porte-monnaie électronique ; -les retraits ; -le virement de salaires, d'honoraires ou tout autre type de rémunération.	Favorable	Néant
BAĆI	MOOV CI	-Cash in/Cash out ; -Transfert d'argent ; -Achat de crédit téléphonique ; -Paiement de factures, salaires, marchands et sur Internet ; -Paiement de biens et services, gestion des comptes.	Favorable	Néant
GUINEE- BISSAU (01)				
ECOBANK Guinée-Bissau	Orange Bissau	-Cash in/Cash out ; -Transfert d'argent ; Achat de crédit téléphonique ; -Paiement de factures ; -Paiement de biens et services, gestion des comptes.	Favorable	Néant

MALI (02)				
BICIM	Orange Mali	Solution de paiement et transfert basée sur les téléphones portables	Favorable	Néant
BDM-SA	SOTELMA MALITEL	Solution de paiement et transfert basée sur les téléphones portables	Favorable	Néant
Niger (05)				
ECOBANK NIGER	ZAIN Niger	Services de commerce mobile à travers la société dénommée « ZAP Niger » créée à cet effet. Cette structure a pour but de faciliter l'accès aux services financiers pour les populations exclues du circuit bancaire.	Favorable	Néant
Banque Atlantique Niger	Moov	Solution de paiement et transfert basée sur les téléphones portables	Favorable	Néant
SONIBANK	CELTEL	Solution de paiement et transfert basée sur les téléphones portables	Favorable	Néant
Banque Atlantique Niger	CELTEL	Solution de paiement et transfert basée sur les téléphones portables	Favorable	Néant
BSIC-Niger	CELTEL			
SENEGAL (02)				
BICIS	Orange Sénégal	Solution de paiement et transfert basée sur les téléphones portables. Orange est le partenaire technique BICI est l'émetteur de monnaie électronique.	Favorable	Néant
SGBS (YOBANTEL)	Tous réseaux	Service de monnaie électronique par mobile grâce à une solution bancaire indépendante des opérateurs de téléphonie mobile et ouverte à toute personne détentrice d'un téléphone portable.	Favorable	Néant
TOGO (02)				
ORABANK-TOGO		Émission de cartes VISA prépayées	Favorable	Néant
Banque Atlantique TOGO	Atlantique télécom Togo (Flooz)	Solution de paiement et transfert basée sur les téléphones portables.	Favorable	Néant

Source : BCEAO

3.e) Conclusion

Les huit pays membres de l'UEMOA disposent de textes juridiques en faveur de la promotion de la monnaie électronique auprès des populations. Ils disposent également des banques et des sociétés de télécommunications autorisées à émettre et à gérer la monnaie électronique.

CHAPITRE IV

PROBLÉMATIQUE DE LA CONFIANCE DANS LA MONNAIE ÉLECTRONIQUE

L'introduction récente de la monnaie électronique dans les pays de l'Union Économique et Monétaire Ouest Africaine (UEMOA) a fait émerger des problématiques très intéressantes pour notre discipline de recherche qui s'intéresse à l'étude des phénomènes communicationnels et informationnels.

Dans ce chapitre nous nous focalisons principalement sur les questions relatives à la confiance dans les transactions monétaires sur téléphone mobile dans la zone UEMOA. Cette organisation économique sous-régionale qui a succédé à l'Union Monétaire Ouest Africaine (UMOA) a été créée en janvier 1994. Elle se compose de huit pays africains avec une population totale cumulée estimée à plus de 80 000 000 d'habitants[84].

L'utilisation de la monnaie électronique et notamment celle sur téléphone mobile par ces populations entraîne forcément des bouleversements importants dans leur perception de la confiance dans la monnaie.

L'histoire du Franc CFA dans les pays d'Afrique de l'Ouest et du Centre est relativement très récente. Le franc CFA est la dénomination de la monnaie commune aux 14 pays africains membres de la zone Franc. Cette monnaie a été créée le 26 décembre 1945 et signifiait jadis « Franc des Colonies Françaises d'Afrique ». Cette monnaie sera par la suite dénommée « Franc de la Communauté Financière Africaine » pour les États membres de l'UMOA et « Franc de la Coopération

[84]http://www.uemoa.int/Pages/UEMOA/L_UEMOA/LesEtatsmembres.aspx.

Financière en Afrique Centrale » pour les pays membres de l'Union Monétaire de l'Afrique Centrale (UMAC).

Depuis janvier 1999, l'arrimage du FCFA à l'Euro est effectif avec la parité 655,957 FCFA = 1 Euro. Les billets et les pièces sont les deux formes de monnaie les plus répandues dans les pays de la zone UEMOA autour de ces formes de monnaie. Ce capital social qui est le résultat de plusieurs décennies d'utilisation du Franc CFA a permis d'asseoir une base solide de confiance dans cette monnaie. A côté de ces deux formes de monnaie, est utilisée la monnaie scripturale avec beaucoup moins de succès auprès de la population qui reste dans sa grande majorité illettrée.

L'histoire de la monnaie scripturale (ensemble des dépôts bancaires dans les comptes), encore appelée monnaie écriture, est étroitement liée à celle des banques. La monnaie scripturale n'a pas eu autant de succès que la monnaie métallique et la monnaie papier dans ces pays. Les premières banques ont vu le jour avec l'indépendance avec des ambitions nationales. Dans cette partie de l'Afrique, le chèque est très peu utilisé et reste par ailleurs totalement méconnu par une majorité écrasante de la population.

Ces dernières années, les pays de la zone UEMOA ont vu une prolifération des banques sans que ces dernières ne puissent bancariser la population galopante majoritairement dans le secteur informel avec des pouvoirs d'achat très faibles. Le téléphone mobile offre des opportunités sans précédent aux banques pour bancariser un pan de la population resté jusque-là en marge du système bancaire.

L'offre de monnaie électronique entre dans ce cadre et constitue l'une des dernières innovations sur le téléphone mobile dans le secteur de la banque. La monnaie virtuelle ou électronique cause un véritable choc psychologique pour les populations notamment habituée aux anciennes formes de monnaie. Le support utilisé comme monnaie se déplace de l'objet physique, palpable vers un objet virtuel, numérique dont la valeur est gérée par une structure de télécommunications.

Dès lors se pose aux usagers un problème de confiance vis-à-vis de l'organisation qui gère leurs fonds mais aussi qui garde les traces de leurs échanges.

4.a) Illustrations

4. a.1) Cas hors d'Afrique

Selon l'enquête de Jupiter Networks[85]«15% seulement des utilisateurs font confiance à leurs smartphones, alors qu'ils sont 76% à utiliser des services sensibles (services bancaires, consultations des données médicales) »[86].

4. a.1.1) Cas des Etats-Unis

La Banque Centrale des Etats-Unis ou encore appelée La Réserve Fédérale des Etats-Unis[87] a mené une enquête aux Etats-Unis en 2012 sur le « M-Banking ». Les résultats de cette étude sont présentés ici par variables sociodémographiques.

4. a.1.1.1) Genre

Le tableau ci-dessous issu de notre traduction du résultat de l'étude conduite par la Banque Centrale des Etats-Unis sur les usages du « M-Banking » montre que le pourcentage des femmes (55%) qui ont utilisé le paiement par téléphone mobile dans les 12 derniers mois est plus élevé que celui des hommes (45%). Sur les 1780 répondants qui déclarent n'avoir pas utilisé le paiement par téléphone mobile dans les 12 derniers mois, les femmes viennent en première position avec un taux de (52,7%) contre (47,3%) pour les hommes.

---

85 http://www.juniperresearch.com/
86 Idem note numéro 112
87 http://federalreserve.gov/

Tableau 12: Usage du paiement par téléphone mobile dans les 12 derniers mois selon le genre

Sexe	Oui	Non	Total
Femme	55	52.7	53
Homme	45	47.3	47
Nombre de répondants	213	1780	1993

Source : Utilisation du paiement par téléphone mobile dans les douze derniers mois [notre traduction] du tableau de la Réserve Fédérale des Etats Unis (2012

4. a.1.1.2) Âge

Le tableau ci-après issu de notre traduction du tableau de la réserve fédérale des Etats-Unis porte sur l'utilisation du « M-Banking »par les clients de la banque dans les douze derniers mois selon l'âge. Les résultats du tableau montrent que les jeunes de 18-29 ans ont plus utilisé sur les 12 mois d'observations le « M-Banking » que les autres groupes d'âges. Le cumul des pourcentages des groupes d'âges 18-29 ans et 30-44 ans donne 89,2% du pourcentage total des répondants ayant utilisé le « M-Banking » contre respectivement 14,7% et 6,1% pour les tranches d'âges de 45-59 ans et 60+. L'utilisation du « M-Banking »décroît quand l'âge augmente et vice-versa.

Tableau 13: Usages du « M-Banking » dans les 12 derniers mois selon l'âge

Tranches d'âges	Oui	Non	Total
18-29	43.5	16.8	22.4
30-44	35.7	24.7	27
45-59	14.7	30.2	26.9
60+	6.1	28.4	23.7
Nombre de répondants	372	1626	1998

Source : Utilisation du « M-Banking » dans les 12 derniers mois selon l'âge [notre traduction] du tableau de la réserve fédérale des Etats-Unis (2012)[88].

4. a.1.1.3) Niveau d'études

Le tableau ci-dessous de la Réserve Fédérale des Etats-Unis expose les résultats de l'utilisation du « M-Banking » dans les 12 derniers mois. Il apparaît que l'utilisation du « M-Banking »est influencée par le niveau d'études. Parmi les 372 répondants qui déclarent utiliser le « M-Banking » dans les 12 derniers mois, 94,5% ont un niveau au moins égal à l'enseignement supérieur contre seulement 5,6% qui déclarent avoir un niveau d'études inférieur à l'enseignement supérieur.

[88]http://www.federalreserve.gov/econresdata/mobile-devices/2012-current-use-mobile-banking-payments.htm

Tableau 14: Les Usages du « M-Banking » dans les 12 derniers mois selon le niveau d'études.

Niveau d'éducation	Oui	Non	Total
Moins que l'enseignement supérieur	5.5	12.1	10.1
Enseignement supérieur	21.5	31.8	29.6
Collège	39	27.4	29.8
Master ou +	34	28.8	29.9
Nombre de répondants	372	1626	1998

Source : Réserve Fédérale des Etats-Unis (2012)

4. a.1.1.4) Activité

Le tableau ci-dessous sur l'utilisation du « M-Banking » montre que le niveau de revenus à un impact sur l'utilisation du « M-Banking ». Son utilisation augmente avec le niveau revenu.

Tableau 15: Les usages du « M-Banking » selon le niveau de revenus

	Oui	Non	Total
Moins de 25000$	12.8	19.9	18.4
25000-39999	19	16.6	17.1
40000-74999	27.5	26.5	26.7
75000-99999	12.9	14	13.8
100000$+	27.9	22.9	24
Nombre de répondants	**372**	**1626**	**1998**

Source : Réserve Fédérale des Etats-Unis (2012)[89]

[89]http://www.federalreserve.gov/econresdata/mobile-devices/2012-current-use-mobile-banking-payments.htm

4. a.1.1.5) Expérience des TIC

La figure ci-dessous montre que le problème de sécurité qui préoccupe 42% des enquêtés est la première raison de défiance par rapport au « M-Banking », suivent le manque d'intérêt (37%), les difficultés d'utilisation (36%), le téléphone mobile inadapté (31%), la confiance (20%), les coûts (15%). Les difficultés pour installer le système sur son téléphone mobile représentent un pourcentage remarquable de 9%.

Figure 13: Quelle sont les principales raisons pour lesquelles vous avez décidé de ne pas utiliser le M-Banking ?

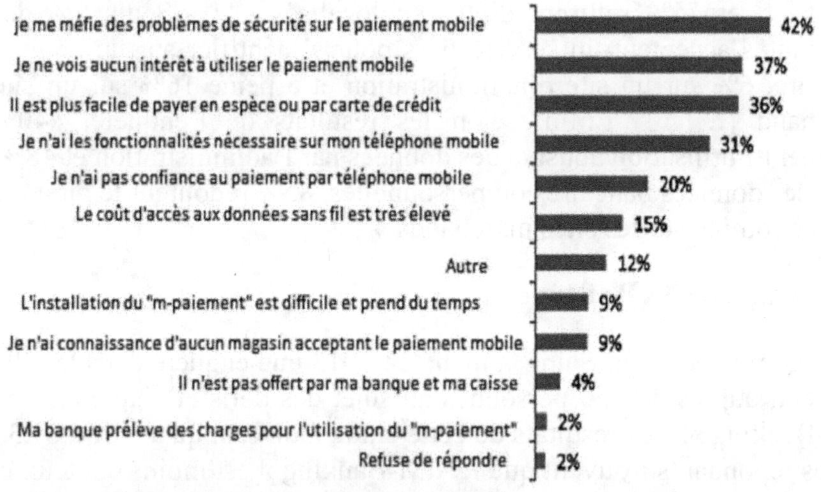

Source : Réserve Fédérale des Etats-Unis (2012)[90]

4. a.1.2) Cas de la France

Selon les résultats de la 3ème édition du baromètre de la Caisse des Dépôts/ACSEL[91], la confiance des Français dans les services en ligne s'érode. « Ainsi moins d'un tiers des Français accordent leur confiance aux sites administratifs (29%), aux labels de confiance des sites

[90]http://www.federalreserve.gov/econresdata/mobile-devices/2012-current-use-mobile-banking-payments.htm

[91] ACSEL= Association de l'économie numérique

marchands (28%) et à la politique de confidentialité des réseaux sociaux (28%), par exemple. Ce constat est identique sur les usages via téléphone mobile. 65% des acheteurs sur mobile estiment que l'achat sur ce canal représente le même niveau de risque que sur PC, les principales craintes résidant principalement dans la perte du mobile et l'interception des communications »[92]. L'étude retient trois principales raisons pour expliquer l'érosion de la confiance des Français dans les services en ligne. Selon les résultats de l'enquête, les Français ont plus de 16 comptes numériques en moyenne (contre 12 en 2009). Plus du tiers (38%) ont plus de 5 mots de passe différents. 43% se disent d'ailleurs gênés par le nombre de mots de passe à gérer[93] ; «92% jugent important de limiter la conservation des données personnelles, 78% pensent risquer l'enregistrement des données bancaires sur un site marchand et 75% refusent d'être géolocalisés »[94] ; « Seuls 5% des internautes acceptent un service tiers pour s'identifier sur un compte bancaire, 6% sur un site d'administration et à peine 16% sur un site marchand […]. » [95]Enfin, selon les résultats de l'enquête, «40% craignent l'utilisation abusive des données par l'administration et 48%, celle des données bancaires ou personnelles. 85% redoutent le piratage de leur compte sur les sites marchands »[96].

4. a.1.3) Cas de l'Inde

Gurme et Singh Saini[97]a mené en 2013 une enquête dans la ville de Delhi auprès de 150 personnes au sujet des défis et challenges du « M-Banking ». Les résultats de cette étude montrent qu'environ 61,33 % des répondants trouvent que le « M-Banking » est moins coûteux et

---

[92]http://www.acsel.asso.fr/wp-content/uploads/2013/06/CP-CDC_ACSEL_BAROMETRE-*CONFIANCE*-NUMERIQUE_200613-V31.pdf
[93] Idem note numéro 118
[94] Idem note numéro 118
[95] Idem note numéro 118
[96] Idem note numéro 118
[97]http://www.saiompublications.com/journal/index.php/ISSN-2347-7571/article/view/96/pdf_15

plus économe en temps et 58,67% des enquêtés souhaitent adhérer au *M-Banking*.

4. a.1.4) Cas de la Jordanie

Les chercheurs Mohammad Alafeef, Dalbir Singh et Kamsuriah Ahmad[98] ont effectué des enquêtes en ligne auprès de 80 personnes avec pour objectif d'étudier les influences des facteurs démographiques (genre, âge, niveau d'études et les revenus) sur l'adoption du « M-Banking » en Jordanie.

Les résultats de cette étude montrent que seulement 6% utilisent le « M-Banking », 31% n'ont aucune information sur le « M-Banking »et donc ne l'utilisent pas, 63% connaissent le « M-Banking » mais ils déclarent ne pas l'utiliser. Le graphique ci-dessous issu de notre traduction des auteurs précités montre qu'une majorité écrasante des participants à l'enquête connaissent mais n'utilisent pas le « M-Banking ».

Figure 14: Connaissance et utilisation « M-Banking»

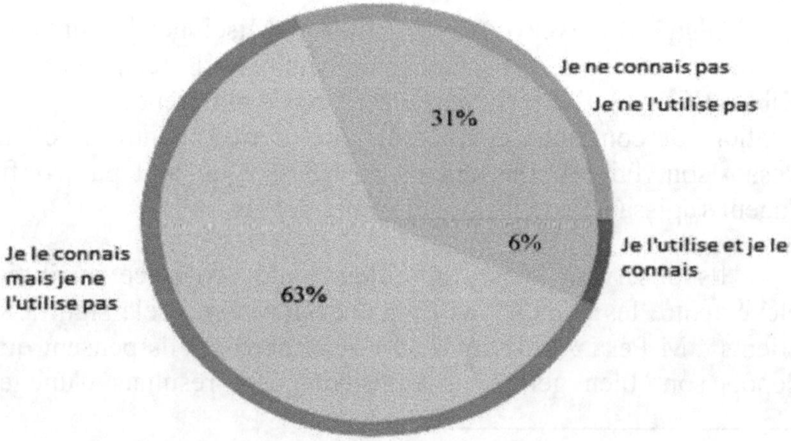

[98]http://docsdrive.com/pdfs/medwelljournals/rjasci/2011/373-377.pdf

Source : Connaissance et utilisation du « M-Banking » de la représentation graphique d'Alafeef et al. (2011)[99]

4. a.2) En Afrique

4. a.2.1) Tunisie

Ziadi Latifa (Latifa, 2011)[100] a réalisé une enquête récente auprès de 100 personnes en Tunisie sur l'intérêt et l'adoption du « M-Banking ». Les résultats de cette enquête montrent un faible taux (6,7%) d'adoption du « M-Banking » alors que 46% des enquêtés sont informés du service et 57%de la population étudiée déclarent être intéressée par le « M-Banking » pour des motifs de gain de temps (60%) et de commodité des services (24%). Les principaux motifs de résistances ont la préférence pour le contact personnel avec les partenaires commerciaux (34%) et l'insécurité des opérations (30%). Les autres facteurs de résistance sont principalement le niveau d'instruction, l'âge, la possession d'un téléphone portable et l'information sur les services du « M-Banking ».

4. a.2.2) Kenya

Olga Morawczynskiet Gianluca Miscione[101] ont étudié la confiance dans les transactions monétaires sur téléphone mobile à Kibera (Kenya). Les résultats de cette étude montrent d'une part que les relations de confiance interpersonnelles entre l'agent et le client « M-Pesa » sont faibles. Les clients « M-Pesa » ne font pas confiance à l'agent s'agissant de la gestion de leurs dépôts.

Ils observent aussi par ailleurs une confiance institutionnelle élevée entre les clients « M-Pesa »et Safaricom. Cela signifie que les clients « M-Pesa » utilisent « M-Pesa » parce qu'ils pensent que leurs dépôts sont bien gérés par Safaricom. Les résultats d'une enquête

---

[99] http://docsdrive.com/pdfs/medwelljournals/rjasci/2011/373-377.pdf

[100]https://www.google.fr/?gws_rd=ssl#q=Le+MobileBanking%2C+une+opportunit%C3%A9+pour+la+r%C3%A9duction+de+l%27exclusion+financi%C3%A8re+en+Tunisie

[101]Examining trust in mobile banking transactions: The case of M-pesa in Kenya, http://propid.ischool.utoronto.ca/wp-content/uploads/2011/05/miscione.pdf

conduite en 2008 auprès de 3000 ménages kenyans montrent que ce sont les hommes âgés et éduqués qui pratiquent le plus le « M-Banking ».[102]

Les résultats de la même étude montrent que 20,39% des adhérents au « M-pesa » sont localisés dans les cinq plus grandes villes du Kenya contre 56,09% pour les autres villes du pays. Toujours selon les résultats de l'enquête précitée, 96,81% des utilisateurs de « M-pesa » savent lire un journal contre 96,58% pour les pratiquants qui savent écrire une lettre. Le tableau ci-dessous des auteurs Isaac Mbiti et David N. Weil montre que ce sont les usagers âgés de moins de 55 ans, hommes et éduqués qui utilisent plus le « M-Pesa ».

[102]Mobile payments in Kenya. Finding from a survey of M-pesa users and agent, http://www.fsdkenya.org/pdf_documents/11-02-14_Mobile_payments_in_Kenya.pdf

Tableau 16: Caractéristiques sociodémographiques des utilisateurs de M-PESA au Kenya

	Utilisation de M-PESA	Envois d'argent avec M-PESA	Réception d'argent Avec M-PESA	Utilisateur Enregistré M-PESA
Genre				
Femme	35.5%	24.7%	32.1%	24.1%
Hommes	42.5%	35.3%	36.6%	32.7%
Accès aux services financiers				
Sans compte bancaire	27.5%	17.8%	23.9%	15.9%
Avec un compte bancaire	71.9%		65.2%	64.0%
Milieu de résidence				
Rural	28.8%	18.8%	25.9%	18.3%
Ville	62.2%	54.8%	54.1%	51.0%
Bien être				
Riche	52.4%	43.2%	46.0%	41.0%
Pauvre	18.7%	9.4%	17.1%	9.0%
Âge				
Moins de 55 ans	42.4%	32.9%	37.4%	31.1%
Plus de 55 ans	20.2%	11.9%	18.4%	12.2%
Niveau d'éducation				
Au moins l'école Primaire	55.2%	44.3%	49.2%	42.4%
En dessous de l'école Primaire	16.4%	9.4%	14.1%	8.5%
Activité				
Sans emploi	35.0%	23.7%	31.1%	22.7%
Travailleur	39.4%	30.8%	34.9%	29.2%
Non employé dans le secteur non agricole	28.9%	18.6%	26.0%	18.5%
Employé dans le secteur non agricole	56.0%	48.7%	48.8%	44.9%
Accès au téléphone cellulaire				
San téléphone cellulaire	14.2%	7.4%	12.0%	2.6%
Avec un téléphone cellulaire	66.0%	53.8%	59.0%	56.3%
Taille de l'échantillon d'enquête	6 598	6 598	6 598	6 598

Source : caractéristiques sociodémographiques des utilisateurs de « M-PESA » au Kenya (Mbiti &Weil N. 2011).

4. a.2.3) Afrique du Sud

Les chercheurs Ismail Tashmia et MasingeKhumbula[103]ont étudié l'adoption des services du « M-Banking » en Afrique du Sud. Ils concluent que l'adoption du « M-Banking » est significativement affectée par la commodité des services, la facilité d'usage, le coût des opérations et la confiance des consommateurs. Cependant, le facteur risque n'avait pas un effet significatif sur l'accès au service.

4. a.2.4) Cas de l'Egypte

Elbadrawy Rehaballah et Abdel Aziz Rasha[104] ont réalisé une étude sur les résistances à l'adoption du « M-Banking » en Egypte. L'enquête s'est déroulée en Egypte et a enregistré la participation de 380 personnes. Les résultats de l'étude ont permis d'identifier trois groupes : ceux qui reportent, ceux qui s'opposent et ceux qui rejettent le « M-Banking ». En plus, les résultats de l'étude montrent que les trois groupes précités diffèrent selon le respect des procédures, la valeur et les contraintes d'accès. Les impacts des barrières culturelles et sécuritaires sont faibles dans l'adoption du « M-Banking ». Cependant, les résultats ont montré une forte corrélation entre le genre, le niveau d'éducation avec l'adoption du « M-Banking »

4.b) Les questions soulevées sur la confiance dans la monnaie électronique

La monnaie électronique entraîne des bouleversements sans précédents dans les domaines économique, social, culturel, politique. La confiance reste le maître mot de ces changements car, elle est au cœur de la décision d'action de l'utilisateur. Elle se pose sous deux angles. D'abord, sous l'aspect d'un problème de confiance vis-à-vis de la nouvelle monnaie avec une forme jamais vue avant car non palpable. Puis, sous forme d'une confiance vis-à-vis des organismes émetteurs chargés de l'émission de la monnaie électronique. Les questions suivantes se posent : La confiance aux organismes chargés de

---

[103] http://www.rrojasdatabank.info/mobilebanking15.pdf

[104] http://airccse.org/journal/ijmit/papers/3411ijmit02.pdf

l'émission et de la gestion de la monnaie électronique est-elle au rendez-vous ?

Observe-t-on des difficultés, des abus dans ces opérations qui généreraient un manque de confiance ? Ou alors, des caractéristiques socioculturelles (manipulation de l'argent liquide en Afrique, réseaux communautaires familiaux comme cadres des flux monétaires) qui constituent de potentiels obstacles ? Les procédures de transferts via le téléphone portable sont-elles complexes au point de générer des appréhensions de la part des utilisateurs ? A quel mode de paiement le Malien est-il habitué ? Les transferts d'argent via le téléphone portable sont-ils déstabilisants pour le mode habituel de paiement des Maliens ? Faut-il développer une éducation aux paiements via le téléphone portable chez ces publics ? Comment développer la confiance dans le « M-Banking » ? La confiance constitue-t-elle un frein au développement du « M-Banking »au Mali ? Répondre à ces questions nécessite d'abord de mesurer le niveau de confiance des utilisateurs dans la monnaie électronique. C'est à cela que s'attèle ce travail de recherche dont les hypothèses sont présentées dans le paragraphe suivant.

4.c) Hypothèses de recherche

Comme dans tout travail de recherche, le chercheur est amené à émettre ses hypothèses dès le début de son travail scientifique. Elles sont basées sur une revue de la littérature sur son sujet de recherche. Le reste du travail scientifique est bâti autour des hypothèses émises. Dans le cadre de ce travail, nous ne pouvons-nous soustraire à cet exercice qui fonde l'esprit scientifique. Nous émettons six hypothèses principales qui sont présentées dans les paragraphes suivants

Première hypothèse : le niveau de confiance dans Orange Money varie selon que l'on soit homme ou femme. Le niveau de confiance des femmes est plus élevé que celui des hommes.

Deuxième hypothèse : les personnes dont l'âge est compris entre 33 et 44 ans ont plus confiance dans les transactions monétaires sur téléphone mobile.

Troisième hypothèse : les personnes sans aucun niveau d'études ont plus confiance dans les transactions monétaires sur téléphone mobile que les personnes diplômées.

Quatrième hypothèse : les étudiants ont plus confiance dans les transactions monétaires sur téléphone mobile que les travailleurs et les chômeurs.

Cinquième hypothèse : les utilisateurs sans aucune expérience des TIC ont plus confiance dans les transactions monétaires sur téléphone mobile que ceux expérimentés.

Sixième hypothèse : les utilisateurs d'Orange Money sont méfiants quant à la communication de leurs données personnelles à Orange Mali.

Dans le cadre des tests de ces hypothèses, une enquête a été conduite entre mars et juin 2014 auprès des utilisateurs d'Orange Money dans le district de Bamako (Mali) suivant une méthodologie qui sera présentée dans le chapitre suivant.

CHAPITRE V

MÉTHODOLOGIE ET ÉNONCIATION DES PRINCIPALES VARIABLES DE MESURE DE LA CONFIANCE

Ce chapitre est consacré à la présentation de notre méthodologie de recherche et à l'énonciation des principales variables.

5.a) Méthodologie de recherche

5. a.1) Public cible

Ce paragraphe est consacré à la description et à la présentation des utilisateurs d'Orange Money dans le district de Bamako.

5. a.1.1) Description du public cible

Le public cible de la présente étude se compose essentiellement des utilisateurs de Orange Money dans le district de Bamako. Les caractéristiques principales des habitants de cette ville sont présentées dans les paragraphes suivants.

5. a.1.1.1) Caractéristiques sociodémographiques

Selon les résultats de la quatrième édition de l'enquête démographique et de santé du Mali de 2006, les caractéristiques sociodémographiques de la population résidente dans la ville de Bamako se présente comme ci-dessous :

5. a.1.1.1.1) Âge et genre

Le tableau ci-après issu de notre extrait de EDSM-IV[105]montre la population des ménages par âge et par sexe de la ville de Bamako et des autres villes du Mali.

Tableau 17: Population des ménages par âge, sexe et milieu de résidence

Groupe d'âges	Bamako			Autres Villes			Ensemble urbain			Rural			Ensemble		
	Hommes	Femmes	Ensemble	Hommes	Femmes	Ensemble	Hommes	Femmes	Ensemble	Hommes	Femmes	Ensemble	Hommes	Femmes	Ensemble
<5	17,0	16,3	16,6	18,3	16,6	17,5	17,8	16,5	17,1	20,2	18,6	19,4	19,5	17,9	18,7
5-9	12,4	12,2	12,3	15,8	14,8	15,3	14,5	13,7	14,1	18,7	17,2	17,9	17,4	16,2	16,8
10-14	10,3	13,7	12,1	14,0	14,1	14,1	12,6	13,9	13,3	14,4	13,7	14,0	13,8	13,8	16,8
15-19	9,4	14,3	11,9	10,8	10,8	10,8	10,2	12,2	11,2	9,1	7,9	8,5	9,5	9,2	9,3
20-24	10,6	11,7	11,1	7,1	7,7	7,4	8,5	9,3	8,9	5,1	6,9	6,0	6,1	7,6	6,9
25-29	8,7	8,8	8,7	4,1	8,0	6,0	5,9	8,3	7,1	4,4	7,1	5,8	4,9	7,5	6,2
30-34	7,3	5,3	6,3	5,3	6,1	5,7	6,1	5,8	5,9	4,3	5,7	5,0	4,8	5,8	5,3
35-39	6,6	4,1	5,3	4,9	4,9	4,9	5,5	4,6	5,0	4,2	5,0	4,6	4,6	4,9	4,7
40-44	5,0	3,0	4,0	4,9	3,9	4,4	4,9	3,6	4,2	3,8	4,1	3,9	4,1	3,9	4,0
45-49	3,5	3,2	3,4	4,1	3,8	4,0	3,9	3,5	3,7	3,2	3,3	3,2	3,4	3,4	3,4
50-54	2,7	2,8	2,8	2,5	2,8	2,6	2,6	2,8	2,7	2,7	3,7	3,2	2,7	3,4	3,0
55-59	1,4	1,7	1,6	2,3	1,9	2,1	1,9	1,8	1,9	2,4	2,5	2,4	2,2	2,3	2,3
60-64	2,1	1,1	1,6	2,7	1,9	2,3	2,4	1,6	2,0	2,6	1,9	2,2	2,5	1,8	2,2
65-69	1,3	0,6	0,9	1,1	0,7	0,9	1,1	0,7	0,9	1,8	1,0	1,4	1,6	0,9	1,2
70-74	0,8	0,6	0,7	0,9	0,8	0,9	0,9	0,7	0,8	1,3	0,8	1,1	1,2	0,8	1,0
74-79	0,4	0,3	0,3	0,6	0,4	0,5	0,6	0,3	0,4	0,9	0,3	0,6	0,8	0,3	0,6
80+	0,4	0,3	0,3	0,5	0,9	0,7	0,5	0,6	0,6	0,8	0,3	0,6	0,7	0,4	0,6
NS P/ND	0,0	0,0	0,0	0,0	0,0	0,0	0,0	0,0	0,0	0,1	0,0	0,0	0,1	0,0	0,0
Total	100,0	100,0	100,0	100,0	100,0	100,0	100,0	100,0	100,00	100,00	100,0	100,0	100,0	100,0	100,0
Effectif	4153	4371	8525	6531	6553	13085	10685	10925	21610	24156	25431	49587	34841	36356	71197

Note : Le total inclut les personnes dont le sexe n'a pas été déterminé.

Source : Population des ménages par âge, sexe et milieu de résidence[106]

[105]http://dhsprogram.com/pubs/pdf/FR199/FR199.pdf
[106]http://dhsprogram.com/pubs/pdf/FR199/FR199.pdf

5. a.1.1.1.2) Activités

Le tableau ci-après, extrait de EDSM-IV montre l'emploi des femmes.

Tableau 19 : Taux d'emplois des femmes

Caractéristique	Travaille actuellement	Ne travaille pas actuellement, mais a travaillé au cours des 12 mois ayant précédé l'enquête	Ne travaille pas et n'a pas travaillé au cours des 12 mois ayant précédé l'enquête	ND/NSP	Total	Effectif
Groupe d'âges						
15-19	50,3	2,3	47,4	0,1	100,0	3 104
20-24	57,9	2,0	40,1	0,0	100,0	2 678
25-29	61,8	1,7	36,5	0,0	100,0	2 625
30-34	64,0	1,8	34,2	0,0	100,0	1 971
35-39	66,4	1,2	32,4	0,0	100,0	1 688
40-44	68,2	1,2	30,5	0,1	100,0	1 354
45-49	68,9	1,3	29,8	0,0	100,0	1 163
État matrimonial						
Célibataire	47,6	2,4	50,1	0,0	100,0	1 726
En union	62,4	1,7	35,9	0,0	100,0	12 365
Divorcée/séparée/veuve	62,9	1,7	35,0	0,4	100,0	491
Nombre d'enfants vivants						
0	50,3	2,1	47,6	0,0	100,0	3 345
1-2	60,5	2,0	37,4	0,1	100,0	4 276
3-4	63,0	1,5	35,5	0,0	100,0	3 466
5+	68,3	1,4	30,2	0,0	100,0	3 496
Milieu de résidence						
Bamako	56,3	2,2	41,4	0,0	100,0	2 104
Autres Villes	48,2	1,0	50,8	0,0	100,0	2 814
Ensemble urbain	51,7	1,5	46,8	0,0	100,0	4 918
Rural	65,2	1,9	32,9	0,0	100,0	9 665

Source : Emploi des femmes. EDSM-IV Mali 2006[107]

[107]http://dhsprogram.com/pubs/pdf/FR199/FR199.pdf

Le tableau ci-après extrait de ESDM-IV[108]montre l'occupation des hommes dans le district de Bamako et dans les autres villes du Mali.

Tableau 20 : Emploi des hommes

Caractéristique	Travaille actuellement	Ne travaille pas actuellement, mais a travaillé au cours des 12 mois ayant précédé l'enquête	Ne travaille pas et n'a pas travaillé au cours des 12 mois ayant précédé l'enquête	ND/NSP	Total	Effectif
Groupe d'âges						
15-19	26,9	10,3	61,3	1,6	100,0	876
20-24	52,3	9,7	36,1	1,8	100,0	633
25-29	73,3	11,5	14,9	0,3	100,0	476
30-34	80,7	9,8	9,4	0,1	100,0	497
35-39	81,2	11,5	7,3	0,0	100,0	452
40-44	83,2	8,8	7,9	0,1	100,0	390
45-49	79,7	11,4	8,3	0,7	100,0	380
50-59	76,8	10,7	12,5	0,0	100,0	503
État matrimonial						
Célibataire	36,3	9,8	52,0	1,9	100,0	1 312
En union	77,9	10,5	11,5	0,2	100,0	2 236
Divorcé/séparé/veuf	60,1	14,2	24,8	0,9	100,0	156
ND	0,0	0,0	100,0	0,0	100,0	1
Nombre d'enfants vivants						
0	44,3	10,1	44,2	1,5	100,0	1 837
1-2	80,2	10,0	9,7	0,1	100,0	719
3-4	83,6	8,5	7,8	0,1	100,0	550
5+	77,1	13,4	9,1	0,4	100,0	598
Milieu de résidence						
Bamako	62,6	6,1	30,8	0,5	100,0	667
Autres Villes	66,5	2,7	30,3	0,5	100,0	717
Ensemble urbain	64,6	4,3	30,5	0,5	100,0	1 384
Rural	61,0	14,0	24,0	1,0	100,0	2 321

Source : Occupation des hommes. EDSM-IV Mali 2006[109]

[108]http://dhsprogram.com/pubs/pdf/FR199/FR199.pdf
[109]http://dhsprogram.com/pubs/pdf/FR199/FR199.pdf

5. a.1.1.1.3) Niveau d'éducation

Le tableau ci-dessous issu de notre extrait de ESDM-IV[110]montre que le taux de fréquentation scolaire aussi bien pour les hommes que pour les femmes est plus élevé dans la ville de Bamako que dans les autres régions du Mali. Ainsi, pour le niveau primaire, la ville de Bamako enregistre un taux de 82,8% pour les hommes contre 71,7% pour les femmes. En ce qui concerne le niveau secondaire, le taux net de scolarisation est de 57,1% pour les hommes et 30,6% pour les femmes.

Tableau 21: Taux de fréquentation scolaire

	Taux net de scolarisation[1]				Taux brut de scolarisation[2]			
Caractéristique	Masculin	Féminin	Ensemble	Indice de parité du genre[3]	Masculin	Féminin	Ensemble	Indice de parité du genre[3]
NIVEAU PRIMAIRE								
Milieu de résidence								
Bamako	82,8	71,7	76,9	0,87	116,2	98,3	106,7	0,85
Autres Villes	56,4	54,2	55,3	0,96	80,1	78,4	79,3	0,98
Ensemble urbain	64,5	60,2	62,4	0,93	91,2	85,3	88,2	0,94
Rural	39,4	32,1	35,7	0,81	55,7	42,9	49,4	0,77
Région								
Kayes	42,7	32,0	37,4	0,75	62,1	44,5	53,4	0,72
Koulikoro	51,5	37,8	44,9	0,73	70,5	53,1	62,1	0,75
Sikasso	44,3	35,4	40,0	0,80	62,3	49,7	56,1	0,80
Ségou	44,3	38,5	41,4	0,87	63,5	51,6	57,6	0,81
Mopti	27,3	32,8	30,0	1,20	42,2	43,7	42,9	1,04
Tombouctou	38,3	38,8	38,5	1,01	49,2	50,9	50,1	1,03
Gao	53,7	49,6	51,8	0,93	74,5	68,6	71,7	0,92
Kidal	41,5	30,4	35,8	0,73	54,6	41,1	47,7	0,75
Bamako	82,8	71,7	76,9	0,87	116,2	98,3	106,7	0,85
Quintile du bien-être économique								
Le plus pauvre	34,8	26,9	31,0	0,77	50,3	37,0	44,0	0,74
Second	38,9	31,0	35,1	0,80	53,7	41,3	47,8	0,77
Moyen	37,4	32,9	35,1	0,88	54,0	45,0	49,4	0,83
Quatrième	49,3	41,5	45,3	0,84	68,9	54,2	61,4	0,79
Le plus riche	78,8	72,0	75,3	0,91	111,3	103,3	107,2	0,93
Ensemble	45,9	39,6	42,8	0,86	65,0	54,3	59,7	0,84
NIVEAU SECONDAIRE								
Milieu de résidence								
Bamako	57,1	30,6	40,6	0,54	90,0	47,7	63,7	0,53
Autres Villes	27,5	29,7	28,7	1,08	43,5	41,5	42,5	0,95
Ensemble urbain	38,0	30,1	33,6	0,79	60,0	44,3	51,2	0,74
Rural	16,3	8,4	12,5	0,52	21,0	10,5	15,9	0,50

Source : Taux de fréquentation scolaire. EDSM-IV Mali 2006[111]

[110]http://dhsprogram.com/pubs/pdf/FR199/FR199.pdf
[111]http://dhsprogram.com/pubs/pdf/FR199/FR199.pdf

La figure ci-après issue de notre extrait de ESDM-IV[112]montre la proportion de femmes et d'hommes sans instruction selon le milieu et la région de résidence. La ville de Bamako enregistre les proportions les plus faibles avec 32% pour les hommes et 47% pour les femmes.

Figure 15: proportion de femmes et d'hommes sans instruction selon le milieu et la région de résidence

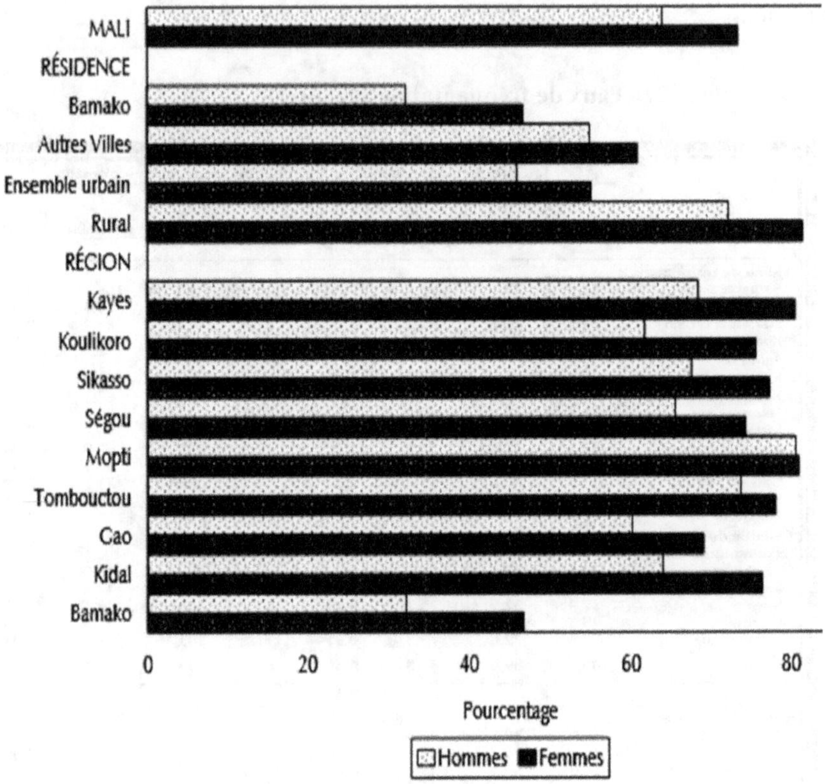

Source : EDSM-IV Mali 2006[113]

[112]http://dhsprogram.com/pubs/pdf/FR199/FR199.pdf
[113]http://dhsprogram.com/pubs/pdf/FR199/FR199.pdf

5. a.2) Les Lieux d'enquête

Les enquêtes de la présente étude se sont déroulées auprès des points de vente Orange Money dans le district de Bamako (Mali). Ces points de vente sont gérés généralement par des jeunes qui ont une bonne maîtrise des téléphones.

5. a.3) Echantillon d'enquête

La taille de l'échantillon d'enquête du présent travail de recherche est de 309 personnes dans le district de Bamako.

5. a.4) Questionnaire d'enquête

5. a.4.1) Présentation

Le questionnaire utilisé se compose de deux grands volets. Le premier est relatif aux variables sociodémographiques suivantes : le genre, l'âge, le niveau d'études, l'activité et l'expérience des TIC. Quant au deuxième volet, il est consacré à la confiance et comporte 26 items présentés sur une échelle de Rensis Likert[114] à cinq niveaux. Il a d'abord été testé avant son administration auprès des utilisateurs d'Orange Money.

5. a.4.2) Administration des questionnaires

Les questionnaires ont été administrés auprès du public cible par une équipe engagée à cet effet. Ils ont été orientés de deux manières et en fonction du profil du répondant. En face pour ceux qui ne savent ni lire ni écrire en français, l'enquêteur pose oralement en langue locale, les questions à l'enquêté puis reporte les réponses directement sur le questionnaire. Pour les répondants qui savent lire et écrire, une copie du questionnaire leur est donnée par l'enquêteur. Elle est remplie par le répondant puis remise à l'enquêteur.

[114] Du nom du psychologue américain Rensis Likert

5. a.4.3) Collecte, analyse et traitement des questionnaires

Les questionnaires remplis sont immédiatement collectés puis numérotés de 1 à 309 avant de passer à la phase de la saisie. A chaque questionnaire sera affecté un code pour faciliter le report, le repérage, la correction et la vérification des réponses des enquêtés. Un code unique sera porté sur chaque questionnaire avant son administration auprès du public cible de la présente étude.

Chaque réponse donnée par l'enquêté se verra affecter un code. Ce code se compose du numéro du questionnaire suivi du numéro de la question. Ce dernier suivi du numéro préalablement affecté à la réponse. Par exemple, à la question « êtes-vous une femme ou un homme ? », le code 0 ou 1 sera affecté à la réponse de l'enquêté. Le code 0 pour les hommes et le code 1 pour les femmes.

L'analyse et le traitement des données d'enquête ont été réalisés principalement avec le logiciel SPSS. Le tableur Excel a été utilisé pour compléter et affiner les premiers résultats produits par SPSS.

5.b) Variables principales de mesure de la confiance

Ce paragraphe est consacré à la présentation des variables de la présente étude. Elles sont catégorisées en trois grands groupes : les variables sociodémographiques, les variables relatives à la confiance et les variables issues du croisement des variables sociodémographiques avec celles de la confiance.

La présentation des variables sociodémographiques sera suivie respectivement des variables relatives à la confiance et de celles issues de croisement.

5. b.1) Variables sociodémographiques

Les variables sociodémographiques que nous avons identifiées dans le cadre de la présente étude sont : genre, âge, niveau d'études, activités, expérience. Elles sont présentées de manière plus détaillée dans les paragraphes suivants.

5. b.1.1) Genre

Notre choix de la variable genre dans le cadre du présent travail se justifie par notre préoccupation de comprendre davantage la relation entre la variable genre et l'adoption de Orange Money d'une part, et entre le genre et la confiance dans l'utilisation de Orange Money d'autre part. La question posée aux répondants à l'enquête se présente comme ci-dessous :

Etes-vous un homme ou une femme ?

(1) ☐ Homme
(2) ☐ Femme

5. b.1.2) Âge

Cette variable servira à mesurer le niveau de confiance des répondants selon l'âge. La question posée aux répondants et relative à l'âge se présente comme ci-dessous :

Quel est votre âge ?

(1) ☐ 18-32 ans
(2) ☐ 33-44 ans
(3) ☐ 45-54 ans
(4) ☐ 55 à 63 ans (5) ☐ +63 ans

Cette variable servira à mesurer le niveau de confiance des utilisateurs d'Orange Money selon le niveau d'études. La question proposée dans le questionnaire et relative au niveau d'études est posée comme ci-dessous.

Quel est votre niveau d'étude ?

(1) ☐ Aucun
(2) ☐ Primaire et collège

(3) ▯ Lycée
(4) ▯ Licence
(5) ▯ Master - Doctorat

5. b.1.4) Activité

Cette variable est utilisée pour mesurer le niveau de confiance des utilisateurs dans Orange Money selon leurs activités.

La question posée dans le questionnaire et relative à la variable activité se présente comme ci-dessous.

Quelle est votre activité ?

Quelle est votre activité ?

(1) ▯ Chômeur
(2) ▯ Etudiant
(3) ▯ Travailleur dans le service public
(4) ▯ Travailleur dans le secteur privé

5. b.1.5) Expérience des TIC

Cette variable servira à mesurer le niveau de confiance des répondants dans Orange Money.

La question adressée aux répondants et relative à leurs expériences se présente comme ci-dessous dans le questionnaire d'enquête :

(1) ▯ Utilisation des logiciels
(2) ▯ Installation des logiciels
(3) ▯ PC
(4) ▯ CD
(5) ▯ MP3

5. b.2) Variables de confiance dans la monnaie électronique

Les sept facettes de la confiance que nous présentons ici sont : bienveillance, intégrité, compétence, acceptation de la dépendance, volonté de suivre les conseils, disposition à donner les informations personnelles et intention de payer par téléphone mobile.

5. b.2.1) Bienveillance

Cette variable servira à mesurer la bienveillance de la société Orange Mali envers ses clients Orange Money. Selon les auteurs D. Harrison Mc Knight, Vivek Choudhury et Charles Kacma[115], la bienveillance est « l'attention pour les intérêts des autres » [116]. Cette variable à travers les trois affirmations ci-dessous dont les réponses sont collectées sur une échelle de Rensis likert[117], tentera de mesurer la perception de bienveillance des utilisateurs des services Orange Money par rapport à la structure Orange Mali.

Le tableau ci-dessous présente sur une échelle de Likert[118] à cinq niveaux les affirmations proposées aux répondants

---

[115] http://www.bus.iastate.edu/mennecke/434/S05/*Trust*ScaleISR.pdf

[116] Idem note numéro 143

[117] Du nom du psychologue américain Rensis Likert

[118] Idem note numéro 144

Tableau 22 : bienveillance sur une échelle de Likert[119] à cinq niveaux

Facettes de la *confiance*	Je suis tout à fait d'accord	Je suis d'accord	Je ne suis pas tout à fait d'accord	Je ne suis pas d'accord du tout	Je ne suis ni en désaccord ni d'accord
Bienveillance	(1)	(2)	(3)	(4)	(5)
Orange Mali semble se sentir très concerné par mon bien être	?	?	?	?	?
Mes besoins et mes désirs semblent être importants pour Orange Mali	?	?	?	?	?
Orange Mali semble vraiment chercher à savoir ce qui est important pour moi	?	?	?	?	?

Les niveaux d'adhésion des abonnés au service Orange Money sont influencés par leurs attentes sur les comportements de la société Orange Mali. S'il y a une faille de sécurité et que les informations personnelles sont piratées, Orange doit informer ses clients pour que ces derniers prennent des dispositions pour sécuriser davantage leurs comptes comme par exemple le changement des codes secrets.

5. b.2.2) Intégrité

Cette variable est définie comme le fait d'honorer ses engagements. Est-ce que la société Orange Mali honore ses engagements ? Le tableau ci-dessous présente les affirmations proposées aux enquêtés sur une échelle de Likert[120] à cinq niveaux.

[119] Idem note numéro 144

[120] Du nom du psychologue américain Rensis Likert

Tableau 23 : Intégrité sur une échelle Likert à cinq niveaux

Facettes de la confiance	Je suis tout à fait d'accord	Je suis d'accord	Je ne suis pas tout à fait d'accord	Je ne suis pas d'accord du tout	Je ne suis ni en désaccord ni d'accord
Intégrité	(1)	(2)	(3)	(4)	(5)
Orange Mali me semble faire des efforts pour être loyal dans les relations avec autrui	?	?	?	?	?
J'apprécie les valeurs d'Orange Mali	?	?	?	?	?
Orange Mali semble être guidé par des principes sains.	?	?	?	?	?

Les niveaux d'accord des abonnés au service Orange Money sont influencés par leurs attentes sur les comportements de la société Orange Mali, notamment en ce qui concerne la transparence dans la tarification des services Orange Money. En effet, Orange Mali doit chercher à connaître les propriétaires des comptes approvisionnés mais inactifs pendant une certaine période en vue d'en identifier les raisons : décès ou autres et restituer les fonds aux ayant droits du propriétaire du compte. Si Orange Mali gagne des dividendes sur les fonds déposés, elle doit réserver une partie aux épargnants. Le taux d'épargne doit être communiqué aux clients pour un éventuel contrôle et suivi de leurs parts.

5. b.2.3) Compétence

Selon l'Encyclopédie Universalis[121], la compétence est définie comme « la capacité dans une matière donnée »[122]. A travers cette variable, l'étude cherche à mesurer la perception des usagers du service Orange Money sur les aptitudes techniques et les expertises de la société Orange Mali. Le tableau ci-dessous présente aux répondants les affirmations proposées sur une échelle de Likert[123] à cinq niveaux.

[121]L'Encyclopédie Universalis est une encyclopédie en ligne. Elle contient entre autres des ressources documentaires pour l'enseignement.

[122]http://www.universalis-edu.com.proxy scd.u.bourgogne.fr/encyclopedie/

[123] Du nom du psychologue américain Rensis Likert

Tableau 24 : Compétence sur une échelle de Likert[124] à cinq niveaux

Facettes de la confiance	Je suis tout à fait d'accord	Je suis d'accord	Je ne suis pas tout à fait d'accord	Je ne suis pas d'accord du tout	Je ne suis ni en désaccord ni d'accord
Compétence	(1)	(2)	(3)	(4)	(5)
Orange paraît tout à fait capable de gérer les paiements par *téléphone mobile*	?	?	?	?	?
L'entreprise Orange semble réussir ce qu'elle entreprend	?	?	?	?	?
Orange semble avoir de solides connaissances pour conduire les paiements par *téléphone mobile*	?	?	?	?	?
Je fais *confiance* au savoir-faire d'Orange pour les paiements par *téléphone mobile*	?	?	?	?	?
Orange paraît être bien qualifiée dans le secteur de la téléphonie mobile	?	?	?	?	?

Les niveaux d'accord des abonnés au service Orange Money sont influencés par leurs attentes sur les comportements de la société Orange Mali. En cas de problèmes techniques sur les services « M-Banking », Orange Mali doit d'abord informer les clients puis prendre des dispositions immédiates pour solutionner l'incident. Elle doit prendre les dispositions nécessaires pour réduire les préjudices subis par les clients comme par exemple la coupure de la fourniture d'électricité suite à un retard de paiement.

[124] Idem note numéro 151

5. b.2.4) Acceptation de la dépendance

Est-ce que les clients d'Orange Mali acceptent de se mettre en situation de dépendance ? Cette variable mesure jusqu'où les clients acceptent de se placer en situation de dépendance vis-à-vis de la société Orange Mali. Le tableau ci-dessous présente sur une échelle de Likert[125] les affirmations proposées aux répondants à cinq niveaux.

Tableau 25 : Acceptation de la dépendance sur une échelle Likert à cinq niveaux

Facettes de la *confiance*	Je suis tout à fait d'accord	Je suis d'accord	Je ne suis pas tout à fait d'accord	Je ne suis pas d'accord du tout	Je ne suis ni en désaccord ni d'accord
Acceptation de la dépendance	(1)	(2)	(3)	(4)	(5)
Si un problème important survient avec mon *téléphone mobile*, je me sentirais bien en étant dépendant du service d'Orange.	?	?	?	?	?
Je pourrais toujours me reposer sur le service d'Orange en cas de situation difficile avec mon *téléphone mobile*.	?	?	?	?	?
Je pense que je pourrais compter sur l'aide du service d'Orange en cas d'un problème crucial avec mon *téléphone mobile*.	?	?	?	?	?
Si je rencontrais un problème sérieux avec mon *téléphone mobile* qui nécessiterait une aide, j'aimerais bien me reposer sur le service d'Orange.	?	?	?	?	?

Les niveaux d'accord des abonnés au service Orange Money sont influencés par leurs attentes par rapport aux comportements de la société Orange Mali.

Les techniciens d'Orange Mali ne doivent pas profiter de la méconnaissance des clients Orange Money lorsque ces derniers se reposent totalement sur eux pour résoudre les problèmes techniques

[125] Du nom du psychologue américain Rensis Likert

rencontrés. Ils ne doivent par exemple ni copier et encore moins divulguer les données personnelles des clients.

5. b.2.5) Volonté de suivre les conseils

Est-ce que les utilisateurs d'Orange Money sont prêts à suivre et appliquer les conseils donnés par les techniciens d'Orange Mali dans le cadre de la résolution des problèmes techniques auxquels ils se trouveraient confrontés ?

Le tableau ci-dessous présente sur une échelle de Likert[126] les affirmations proposées aux répondants à cinq niveaux.

Tableau 26 : Volonté de suivre les conseils sur une échelle Likert[127] à cinq niveaux

Facettes de la *confiance*	Je suis tout à fait d'accord	Je suis d'accord	Je ne suis pas tout à fait d'accord	Je ne suis pas d'accord du tout	Je ne suis ni en désaccord ni d'accord
Volonté de suivre les conseils	(1)	(2)	(3)	(4)	(5)
Si j'avais un problème important avec mon *téléphone mobile*, je souhaiterais avoir les conseils des techniciens d'Orange.	?	?	?	?	?
Je me sentirais en *confiance* pour suivre les conseils donnés par les techniciens d'Orange	?	?	?	?	?
Je n'hésiterais pas à me servir des conseils donnés par les techniciens d'Orange.	?	?	?	?	?
Je me sentirais en sécurité en suivant les conseils donnés par les techniciens d'Orange.	?	?	?	?	?

Les niveaux d'accord des abonnés au service Orange Money sont influencés par leurs attentes sur les comportements de la société Orange Mali. Orange Mali doit donner des conseils dans l'intérêt strict de ses clients. Elle ne doit pas donner de mauvais conseils pour ensuite servir

[126] Idem note numéro 152

[127] Idem note numéro 152

ses propres intérêts. Elle doit veiller à ce que des personnes mal intentionnées ne s'immiscent pas pour donner des conseils détournés à leur profit.

5. b.2.6) Disposition à donner des informations personnelles

Est-ce que les utilisateurs d'Orange Money sont disposés à fournir leurs informations personnelles aux techniciens d'Orange Mali dans le cadre de la résolution d'un problème technique qui s'est posé ?

Le tableau ci-dessous présente sur une échelle de Likert[128] les affirmations proposées aux répondants à cinq niveaux.

Tableau 27 : Disposition à donner des informations personnelles sur une échelle de Likert[129] à cinq niveaux

Facettes de la *confiance*	Je suis tout à fait d'accord	Je suis d'accord	Je ne suis pas tout à fait d'accord	Je ne suis pas d'accord du tout	Je ne suis ni en désaccord ni d'accord
Disposition à donner des informations personnelles	(1)	(2)	(3)	(4)	(5)
Je serais d'accord pour communiquer des informations personnelles aux techniciens d'Orange	?	?	?	?	?
Je serais d'accord pour donner le code PIN de mon *téléphone mobile* aux techniciens d'Orange	?	?	?	?	?
Je serais d'accord pour partager les spécificités de mon *téléphone mobile* aux techniciens d'Orange	?	?	?	?	?
Je serais d'accord pour autoriser les techniciens d'Orange à utiliser mon *téléphone mobile* pour m'aider à résoudre des problèmes	?	?	?	?	?

Les niveaux d'accord des abonnés au service Orange Money sont influencés par leurs attentes sur les comportements de la société Orange Mali. En effet, Orange Mali ne doit pas utiliser les informations

128 Du nom du psychologue américain Rensis Likert

129 Idem note numéro 155

personnelles données par ses clients à des fins personnelles. L'autorisation du client doit toujours être demandée par Orange Mali avant toute exploitation de ses données personnelles.

5. b.2.7) Intention de payer par téléphone mobile

Cette variable servira à mesurer l'intention des usagers du service Orange Money à effectuer leurs transactions monétaires sur téléphone mobile. Elle servira aussi à savoir s'ils sont prêts à informer et encourager leurs proches à adopter Orange Money. Le tableau suivant issu de notre représentation présente à cinq niveaux sur une échelle de Likert[130] les affirmations proposées aux répondants.

Tableau 28 : Intention de payer par téléphone sur une échelle de Likert[131] à cinq niveaux

Facettes de la *confiance* Intention de payer par téléphone	Je suis tout à fait d'accord (1)	Je suis d'accord (2)	Je ne suis pas tout à fait d'accord (3)	Je ne suis pas d'accord du tout (4)	Je ne suis ni en désaccord ni d'accord (5)
Je souhaiterais payer mes factures par *téléphone mobile*.	?	?	?	?	?
Je recommanderais le paiement par *téléphone mobile* d'Orange à un ami	?	?	?	?	?
Je m'enregistrerais à *Orange money*	?	?	?	?	?

[130] Du nom du psychologue américain Rensis Likert

[131] Idem note numéro 157

5. b.3) Variables démographiques croisées avec celles de la confiance

Les tableaux de ce paragraphe sont issus de nos croisements des variables sociodémographiques avec celles relatives à la confiance.

5. b.3.1) Présentation des tableaux croisés des variables

Le tableau ci-après croise les variables sociodémographiques avec les vingt-six (26) facettes de la confiance regroupées dans six catégories de variables : bienveillance, intégrité, compétence, acceptation de la dépendance, volonté de suivre les conseils, disposition à donner des informations personnelles et intention de payer par téléphone mobile.

Dans le tableau, l'intersection entre la variable sociodémographique et la facette de la confiance donne un résultat auquel nous avons attribué un numéro pour faciliter son repérage et aussi avoir une idée sur le nombre total d'indicateurs. La numérotation est effectuée suivant l'ordre croissant de la droite vers la gauche et sur chaque ligne de facette.

Tableau 29 : Détails des variables de confiance croisés avec les variables démographiques

Variables de confiance	Variables sociodémographiques				
	Genre	Âge	Niveau d'études	Activité	Expériences
Bienveillance					
Orange Mali semble se sentir très concernée par mon bien-être	1	2	3	4	5
Mes besoins et mes désirs semblent être importants pour Orange Mali	6	7	8	9	10
Orange Mali semble vraiment chercher à savoir ce qui est important pour moi	11	12	13	14	15
Intégrité					
Orange Mali me semble faire des efforts pour être loyale dans les relations avec autrui	16	17	18	19	20
J'apprécie les valeurs d'Orange Mali	21	22	23	24	25
Orange Mali semble être guidée par des principes sains.	26	27	28	29	30
Compétence					
Orange paraît tout à fait capable de gérer les paiements par *téléphone mobile*	31	32	33	34	35
L'entreprise Orange semble réussir ce qu'elle entreprend.	36	37	38	39	40
Orange semble avoir de solides connaissances pour conduire les paiements par *téléphone mobile*	41	42	43	44	45
Je fais *confiance* au savoir-faire d'Orange Mali pour les paiements par *téléphone mobile*	46	47	48	49	50
Orange paraît être bien qualifiée dans le secteur de la téléphonie mobile	51	52	53	54	55
Acceptation de la dépendance					
Si un problème important survient avec mon *téléphone mobile*, je me sentirais bien en étant dépendant du service d'Orange Mali.	56	57	58	59	60
Je pourrais toujours me reposer sur le service d'Orange Mali en cas de situation difficile avec mon *téléphone mobile.*	61	62	63	64	65
Je pense que je pourrais compter sur l'aide du service d'Orange Mali en cas de problème crucial avec mon *téléphone mobile.*	66	67	68	69	70
Si je rencontrais un problème sérieux avec mon *téléphone mobile* qui nécessiterait une aide, j'aimerais bien me reposer sur le service d'Orange Mali.	71	72	73	74	75
Volonté de suivre les conseils					
Si j'avais un problème important avec mon *téléphone mobile*, je souhaiterais avoir les conseils des techniciens d'Orange Mali.	76	77	78	79	80
Je me sentirais en *confiance* pour suivre les conseils donnés par les techniciens d'Orange Mali	81	82	83	84	85
Je n'hésiterais pas à me servir des conseils donnés par les techniciens d'Orange Mali.	86	87	88	89	90
Je me sentirais en sécurité en suivant les conseils donnés par les techniciens d'Orange Mali.	91	92	93	94	95
Disposition à donner des informations personnelles					
Je serais d'accord pour communiquer des informations personnelles aux techniciens d'Orange Mali	96	97	98	99	100
Je serais d'accord pour donner le code PIN de mon *téléphone mobile* aux techniciens d'Orange Mali	101	102	103	104	105
Je serais d'accord pour partager les spécificités de mon *téléphone mobile* avec les techniciens d'Orange Mali	106	107	108	109	110
Je serais d'accord pour autoriser les techniciens d'Orange Mali à utiliser mon *téléphone mobile* pour m'aider à résoudre des problèmes	111	112	113	114	115
Intention de payer par téléphone					
Je souhaiterais payer mes factures par *téléphone mobile.*	116	117	118	119	120
Je recommanderais le paiement par *téléphone mobile* d'Orange Mali à un ami	121	122	123	124	125
Je m'enregistrerais à *Orange money*	126	127	128	129	130

5. b.3.2) Présentation des indicateurs les plus pertinents

Dans ce paragraphe, nous présentons les indicateurs les plus pertinents suite à notre première analyse des données. Ils sont issus de nos croisements des variables liées aux facteurs sociodémographiques (genre, âge, le niveau d'étude) avec celles de la confiance dans Orange Money.

5. b.3.2.1) Bienveillance et facteurs sociodémographiques

Le tableau ci-dessous est issu du croisement des variables sociodémographiques avec les trois items liés à la bienveillance. Il ressort de ce croisement des indicateurs qui serviront à affiner nos analyses des données. Ces indicateurs serviront à apporter des éclaircissements sur les impacts des facteurs sociodémographiques sur les représentations des utilisateurs d'Orange Money sur la bienveillance de la société Orange Mali.

Tableau 30 : Bienveillance et facteurs sociodémographiques

	Variables sociodémographiques				
	Genre	**Âge**	**Niveau d'études**	**Activité**	**Expériences**
Bienveillance					
Orange Mali semble se sentir très concerné par mon bien être	1	2	3	4	5
Mes besoins et mes désirs semblent être importants pour Orange Mali	6	7	8	9	10
Orange Mali semble vraiment chercher à savoir ce qui est important pour moi	11	12	13	14	15

5. b.3.2.2) Intégrité et facteurs démographiques

Le tableau ci-dessous issu de notre croisement des variables sociodémographiques avec les trois items de la facette intégrité montre les indicateurs qui serviront à affiner nos analyses des données. Ces indicateurs serviront à apporter des éclaircissements sur les impacts des facteurs sociodémographiques quant aux représentations des utilisateurs de Orange Money sur les l'intégrité de la société Orange Mali.

Tableau 31 : Croisement des variables sociodémographiques avec la variable « intégrité »

	Variables sociodémographiques				
	Genre	Âge	Niveau d'études	Activité	Expériences
Intégrité					
Orange Mali me semble faire des efforts pour être loyale dans les relations avec autrui	16	17	18	19	20
J'apprécie les valeurs d'Orange Mali	21	22	23	24	25
Orange Mali semble être guidée par des principes sains.	26	27	28	29	30

5. b.3.2.3) Compétence et facteurs démographiques

Le tableau ci-dessous issu de notre croisement des variables sociodémographiques avec les cinq items de la facette compétence montre les indicateurs qui serviront à apporter un éclairage sur les impacts des facteurs sociodémographiques sur les représentations des utilisateurs d'Orange Money quant aux compétences de la société Orange Mali.

Tableau 32 : Croisement des variables sociodémographiques avec la variable « compétence »

	Variables sociodémographiques				
	Genre	**Âge**	**Niveau d'études**	**Activité**	**Expériences**
Compétence					
Orange paraît tout à fait capable de gérer les paiements par *téléphone mobile*	1	2	3	4	5
L'entreprise Orange semble réussir ce qu'elle entreprend.	6	7	8	9	10
Orange semble avoir de solides connaissances pour conduire les paiements par *téléphone mobile*	11	12	13	14	15
Je fais *confiance* au savoir-faire d'Orange pour les paiements par *téléphone mobile*	16	17	18	19	20
Orange paraît être bien qualifiée dans le secteur de la téléphonie mobile	21	22	23	24	25

5. b.3.2.4) Acceptation de la dépendance et facteurs démographiques

Le tableau ci-dessous issu de notre croisement des variables sociodémographiques avec les quatre items de la facette acceptation de la dépendance montre les indicateurs d'analyse de données. Ils serviront à apporter un éclairage sur les impacts des facteurs sociodémographiques sur l'acceptation des utilisateurs d'Orange Money à dépendre de la société Orange Mali.

Tableau 33 : Croisement des variables sociodémographiques avec la variable « acceptation de la dépendance »

	Variables sociodémographiques				
	Genre	**Âge**	**Niveau d'études**	**Activité**	**Expériences**
Acceptation de la dépendance					
Si un problème important survient avec mon *téléphone mobile*, je me sentirais bien en étant dépendant du service d'Orange.	1	2	3	4	5
Je pourrais toujours me reposer sur le service d'Orange en cas de situation difficile avec mon *téléphone mobile*.	6	7	8	9	10
Je pense que je pourrais compter sur l'aide du service d'Orange en cas de problème crucial avec mon *téléphone mobile*.	11	12	13	14	15
Si je rencontrais un problème sérieux avec mon *téléphone mobile* qui nécessiterait une aide, j'aimerais bien me reposer sur le service d'Orange.	16	17	18	19	20

5. b.3.2.5) Croisement de la variable « volonté de suivre les conseils » avec les variables sociodémographiques

Le tableau ci-après issu de notre croisement des variables sociodémographiques avec les quatre items de la facette « volonté de suivre les conseils » montre les indicateurs d'analyse des données. Ces indicateurs serviront à apporter un éclairage sur les impacts des facteurs sociodémographiques quant à la volonté des utilisateurs d'Orange Money à suivre les conseils des techniciens de la société Orange Mali.

Tableau 34 : Croisement des variables sociodémographiques avec la variable « Volonté de suivre les conseils »

	Variables sociodémographiques				
	Genre	**Âge**	**Niveau d'études**	**Activité**	**Expériences**
Volonté de suivre les conseils					
Si j'avais un problème important avec mon *téléphone mobile*, je souhaiterais recevoir les conseils des techniciens d'Orange.	1	2	3	4	5
Je me sentirais en *confiance* pour suivre les conseils donnés par les techniciens d'Orange	6	7	8	9	10
Je n'hésiterais pas à me servir des conseils donnés par les techniciens d'Orange.	11	12	13	14	15
Je me sentirais en sécurité en suivant les conseils donnés par les techniciens d'Orange.	16	17	18	19	20

5. b.3.2.6) Disposition à donner les informations personnelles et facteurs démographiques

Le tableau ci-dessous issu du croisement des variables sociodémographiques avec les quatre items de la facette « disposition à donner des informations personnelles » montre les indicateurs d'analyse de données. Ces indicateurs serviront à apporter un éclairage sur les impacts des *facteurs sociodémographiques* sur les dispositions des utilisateurs d'Orange Money à donner leurs informations personnelles aux techniciens de la société Orange Mali.

Tableau 35 : Croisement des variables sociodémographiques avec la variable « disposition à donner des informations personnelles »

	Variables sociodémographiques				
	Genre	**Âge**	**Niveau d'études**	**Activité**	**Expériences**
Disposition à donner des informations personnelles					
Je serais d'accord pour communiquer des informations personnelles aux techniciens d'Orange	1	2	3	4	5
Je serais d'accord pour donner le code PIN de mon *téléphone mobile* aux techniciens d'Orange	6	7	8	9	10
Je serais d'accord pour partager les spécificités de mon *téléphone mobile* aux techniciens d'Orange	11	12	13	14	15
Je serais d'accord pour autoriser les techniciens d'Orange à utiliser mon *téléphone mobile* pour m'aider à résoudre des problèmes	16	17	18	19	20

5. b.3.2.7) Intention de payer et facteurs sociodémographiques

Le tableau ci-dessous issu du croisement des variables sociodémographiques avec les trois items de la facette « intention de payer par téléphone » montre les indicateurs d'analyse de données. Ces indicateurs serviront à apporter un éclairage sur les impacts des facteurs sociodémographiques sur les intentions des utilisateurs d'Orange Money à payer par téléphone mobile.

Tableau 36 : Croisement de la variable sociodémographique avec la septième facette de la confiance

	Variables sociodémographiques				
	Genre	**Âge**	**Niveau d'études**	**Activité**	**Expériences**
Intention de payer par téléphone	/	/	/	/	/
Je souhaiterais payer mes factures par *téléphone mobile*.	1	2	3	4	5
Je recommanderais le paiement par *téléphone mobile* d'Orange à un ami	6	7	8	9	10
Je m'enregistrerais à *Orange money*	11	12	13	14	15

DEUXIÈME PARTIE

ANALYSE DES DONNÉES ET INTERPRÉTATION DES RÉSULTATS DE L'ENQUÊTE MENÉE AUPRÈS DES UTILISATEURS D'ORANGE MONEY RELATIVE À LA CONFIANCE DANS LES TRANSACTIONS MONÉTAIRES SUR TÉLÉPHONE MOBILE

Dans la partie précédente de ce travail, une enquête a été conduite auprès des utilisateurs d'Orange Money dans le district de Bamako. Elle s'est déroulée pendant le premier trimestre de l'année 2014 et a enregistré la participation de plus de 300 citadins. Les données collectées par questionnaire ont été par la suite codifiées, saisies, analysées et interprétées. Les résultats issus de ces travaux sont restitués dans cette partie. L'objectif visé ici est de mesurer le niveau de confiance des répondants dans Orange Money en vue d'apporter des éléments de réponse à la problématique posée dans la première partie. Cette partie comporte deux chapitres dont le premier est focalisé sur l'analyse des données. Le second chapitre est consacré à l'interprétation des résultats.

CHAPITRE VI

ANALYSE DES DONNÉES

6.a) La confiance selon le genre des répondants

Au départ de ce travail, nous avons formulé l'hypothèse selon laquelle le niveau de confiance des femmes est plus élevé que celui des hommes dans les transactions monétaires par téléphone mobile. Dans le cadre de la vérification de cette hypothèse, nous avons collecté des données par questionnaire auprès de 309 répondants dans le district de Bamako. Ces données sont analysées ici. Mais nous commençons en premier par la présentation de notre méthodologie d'analyse.

6.a.1) Méthodologie d'analyse

Dans cette analyse, l'échelle à cinq niveaux de Rensis Likert (du nom du psychologue américain Rensis Likert) a été utilisée pour mesurer les niveaux de confiance dans les transactions monétaires par téléphone mobile. Une note a été attribuée à chaque catégorie selon le tableau ci-dessous.

Tableau 37 : Affectation de point aux propositions

o

Echelles	Points
Je suis tout à fait d'accord	+1
Je suis d'accord	+1
Je ne suis pas tout à fait d'accord	-1
Je ne suis pas d'accord du tout	-1
Je ne suis ni en désaccord ni d'accord	0

Les logiciels SPSS[132] et EXCEL[133] ont été utilisés pour analyser les données et présenter les résultats. La base de données d'enquête a été créée avec SPSS. Ce logiciel a servi en premier à produire les premiers résultats de la présente recherche par le croisement de la variable Genre avec les 26 items de la confiance pour dégager les premiers niveaux de confiance par item et par proposition. Les résultats obtenus avec le logiciel d'analyse prédictive précité, ont été ensuite ressaisis sur une feuille de calcul Excel pour dégager les niveaux de confiance par item pour les hommes et pour les femmes en additionnant les niveaux pour chaque proposition et par item.

Ces derniers résultats ont ensuite été reportés dans une nouvelle feuille de calcul pour dégager les niveaux de confiance par la division des résultats précédents par le nombre de répondants femme ou homme selon les cas et en multipliant le résultat obtenu par 100. Les taux qui se dégagent de ces opérations sont présentés dans les paragraphes suivants.

6.a.2) Présentation des résultats

Dans cette recherche, les hommes et les femmes ont été comparés sur le plan des transactions monétaires par téléphone mobile. L'analyse des données révèle que les femmes ont un niveau de confiance plus élevé que les hommes. On est donc en droit d'affirmer que le genre influence la confiance.

6.a.2.1) Résultats principaux

6.a.2.1.1) Confiance par facette

Le tableau ci-dessous issu de notre croisement de la variable genre avec les facettes de la confiance (bienveillance, intégrité, compétence, acceptation de la dépendance, volonté de suivre les conseils, disposition à donner les informations personnelles et intention de payer par téléphone

[132] Logiciel d'analyse prédictive. Il est développé par la société IBM

[133] Logiciel tableur de la suite bureautique Microsoft Office. Il est édité par la

mobile) montre que les femmes ont plus confiancedans les transactions monétaires sur téléphone mobile que les hommes.

Tableau 38 : Niveaux de confiance des pratiquants d'Orange Money selon le genre

Facettes	Hommes	Femmes
Bienveillance	80	120
Intégrité	-25	18
Compétence	448	446
Acceptation de la dépendance	154	218
Volonté de suivre les conseils	239	269
Disposition à donner les informations personnelles	-85	-64
Intention de payer par téléphone mobile	296	298

La figure ci-dessous issue des données du tableau précédent montre que dans l'ensemble le niveau de confiance des femmes est plus élevé que celui des hommes.

Figure 16: Niveaux de confiance dans Orange Money par facette et selon le genre

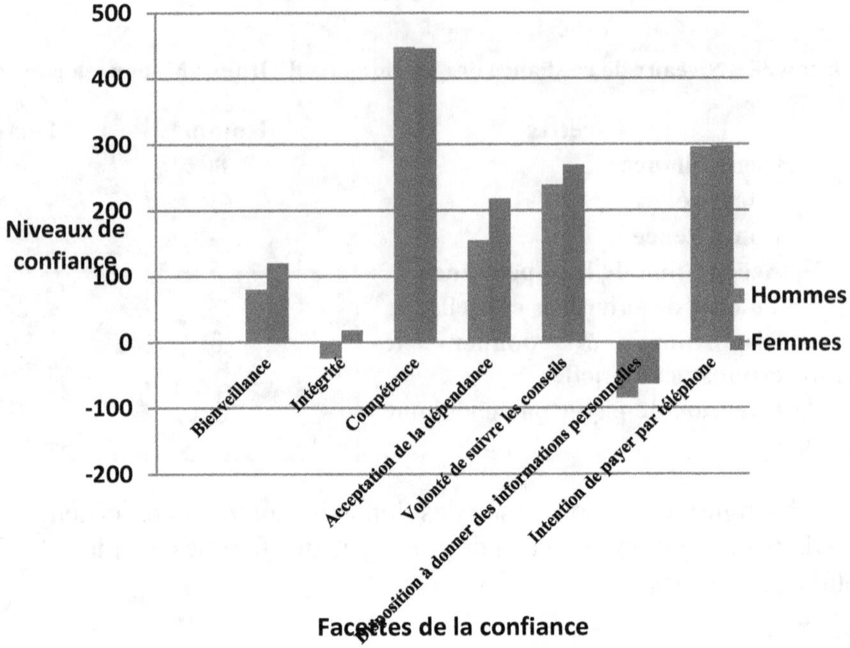

6.a.2.1.2) Opinions des répondants sur l'intégrité de la société Orange Mali

Le tableau suivant issu de notre croisement de la variable genre avec les facettes de la confiance (bienveillance, intégrité et compétence) montre que pour les répondants hommes, Orange Mali n'est pas une structure intègre (voir les parties encerclées du tableau).

Tableau 39 : Croisement de la variable genre avec les facettes de la confiance (bienveillance, Intégrité, compétence)

N°	Facettes de la confiance	HOMMES						FEMMES					
		1	2	3	4	5	Pts	1	2	3	4	5	Pts
	Bienveillance												
1	Orange Mali semble se sentir très concernée par mon bien-être.	22		108	11	3	55	10	60	26	3	2	41
2	Mes besoins et mes désirs semblent être importants pour Orange Mali	17		116	12	3	61	9	61	26	3	2	41
3	Orange Mali semble vraiment chercher à savoir ce qui est important pour moi	16		113	15	1	51	7	61	27	3	3	38
	Intégrité												
4	Orange Mali me semble faire des efforts pour être loyal dans les relations avec autrui	12		88	8	2	-6	11	47	41	1	1	16
5	J'apprécie les valeurs d'Orange Mali	16		74	8	2	-26	12	33	54	0	2	-9
6	Orange Mali semble être guidé par des principes sains.	12		79	6	7	-19	8	47	44	0	2	11
	Compétences												
7	Orange paraît tout à fait capable de gérer les paiements mobiles	39		153	0	1	177	11	83	3	0	4	91
8	Orange semble réussir ce qu'elle entreprend	35		164	0	1	191	12	87	1	0	1	98
9	Orange semble avoir de solides connaissances pour conduire les paiements mobiles	40		158	0	2	190	14	84	1	1	1	96
10	Je fais confiance au savoir-faire d'Orange pour les paiements mobiles	43		153	1	2	186	15	51	2	1	2	93
11	Orange paraît être bien qualifiée dans le secteur de la téléphonie mobile	43		155	1	2	190	14	52	2	1	2	93

6.a.2.1.3) Confiance des répondants selon les facettes « acceptation de la dépendance » et « volonté de suivre les conseils »

Le tableau suivant issu de notre croisement de la variable genre avec les facettes de la confiance (acceptation de la dépendance, volonté de suivre les conseils) montre que les répondants ont une opinion positive sur les items proposés.

Tableau 40 : Croisement de la variable genre avec les facettes de la confiance (acceptation de la dépendance, volonté de suivre les conseils)

N°	Facettes de la confiance	HOMMES						FEMMES					
		1	2	3	4	5	Pts	1	2	3	4	5	Pts
	Acceptation de la dépendance												
12	Si un problème important survient avec mon mobile, je me sentirais bien en étant dépendant du service d'Orange	17	123	42	16	10	82	9	66	22	0	4	55
13	Je pourrais toujours me reposer sur le service d'Orange en cas de situation difficile avec mon mobile	14	125	42	16	11	81	6	71	20	0	4	57
14	Je pense que je pourrais compter sur l'aide du service d'Orange en cas de problème crucial avec mon mobile	15	122	43	16	12	78	7	70	20	0	4	57
15	Si je rencontre un problème sérieux avec mon mobile qui nécessite une aide, j'aimerais bien me reposer sur le service d'Orange	17	121	45	14	11	79	9	67	21	0	4	55
	Volonté de suivre les conseils												
16	Si j'ai un problème important avec mon mobile, je souhaiterais avoir les conseils des techniciens d'Orange	25	137	34	7	5	121	8	77	9	2	5	74
17	Je me sentirais en confiance pour suivre les conseils donnés par les techniciens d'Orange	20	145	29	8	8	126	8	75	8	4	8	69
18	Je n'hésiterais pas à me servir des conseils donnés par les techniciens d'Orange	15	144	28	12	6	122	6	75	5	5	12	69
19	Je me sentirais en sécurité en suivant les conseils donnés par les techniciens d'Orange	17	146	29	7	9	127	7	69	11	11	10	61

6.a.2.1.4) Confiance des répondants par facette (disposition à donner les informations personnelles et intention de payer par téléphone mobile).

Le tableau suivant issu de notre croisement de la variable genre avec les facettes de la confiance (disposition à donner les informations personnelles, intention de payer par téléphone mobile) montre que les répondants se méfient de la société Orange Mali sur le plan des données personnelles (voir les parties encerclées du tableau).

Tableau 41 : Croisement de la variable Genre avec les facettes de la confiance (Disposition à donner des informations personnelles, Intention de payer par téléphone)

N°	Facettes de la confiance	HOMMES						FEMMES					
		1	2	3	4	5	Pts	1	2	3	4	5	Pts
	Disposition à donner des informations personnelles												
20	Je serais d'accord pour communiquer des informations personnelles aux techniciens d'Orange	14	58	116	18	2	-62	6	28	54	10	3	-30
21	Je serais d'accord pour donner mon code PIN aux techniciens d'Orange	11	44	129	22	2	-96	5	19	65	11	1	-52
22	Je serais d'accord pour partager les spécificités de mon mobile avec les techniciens d'Orange	9	71	104	21	3	-45	5	35	45	7	3	-12
23	Je serais d'accord pour autoriser les techniciens d'Orange à utiliser mon mobile pour m'aider à résoudre les problèmes	11	105	73	15	11	28	9	54	27	7	4	29
	Intentions de payer par téléphone												
24	Je souhaiterais payer mes factures par téléphone mobile	41	164	3	0	0	202	17	53	0	1	0	99
25	Je recommanderais le paiement mobile à un ami	43	164	1	0	0	206	18	83	0	0	0	101
26	Je m'enregistrerais à Orange Money	47	161	0	0	0	205	19	82	0	0	0	101

6. a.2.2) Résultats secondaires

Le tableau suivant issu de notre traitement des données d'enquête de la présente étude montre que les hommes utilisent plus Orange Money que les femmes avec un taux de 67% pour les hommes contre 33% pour les femmes.

Tableau 42 : Pratique d'Orange Money selon le genre

Genre	Fréquence	Pourcentage	Pourcentage cumulé
HOMME	208	67,3	67,3
FEMME	101	32,7	100,0
TOTAL	309	100,0	

La figure suivante issue de notre représentation des données du tableau précédent sous forme graphique montre que les hommes utilisent plus Orange Money que les femmes.

Figure 17: Pratique d'Orange Money selon le genre

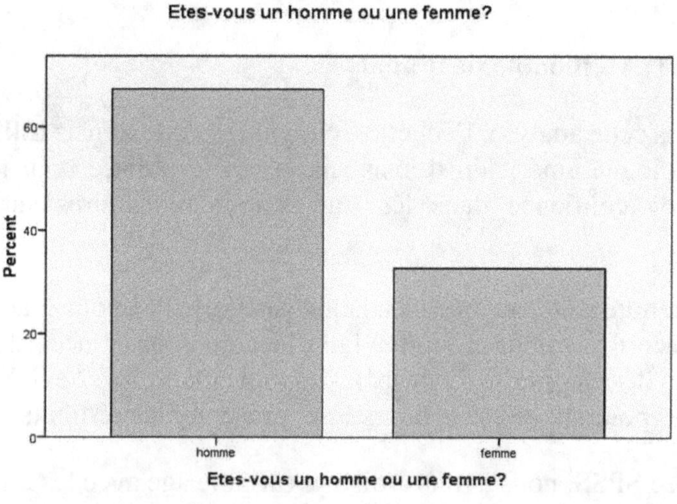

6. a.3) Conclusion

En conclusion, l'analyse des données de cette recherche indique clairement que l'hypothèse de cette recherche, selon laquelle les femmes ont un niveau de confiance plus élevé que les hommes dans les transactions monétaires sur téléphone mobile est confirmée.

6.b) La confiance selon l'âge des répondants

Au début de cette recherche, nous avons émis une hypothèse selon laquelle le niveau de confiance dans les transactions monétaires sur téléphone mobile des répondants âgés entre 33 et 44 ans est plus élevé que ceux des autres groupes d'âges étudiés (18-32 ans, 45-54 ans, 55-63 ans et 64 et plus).

Dans le cadre de la vérification de cette hypothèse, nous avons collecté des données par questionnaire auprès de 309 répondants dans le district de Bamako. Le traitement de ces données donne des résultats que nous présentons ici. Mais nous commençons en premier par la présentation de notre méthodologie d'analyse.

6.b.1) Méthodologie d'analyse

Dans cette analyse, l'échelle à cinq niveaux de Rensis Likert (du nom du psychologue américain Rensis Likert) a été utilisée pour mesurer les niveaux de confiance dans les transactions monétaires sur téléphone mobile.

Une note a été attribuée à chaque catégorie (+1 pour d'accord et tout à fait d'accord ; -1 pour pas tout à fait d'accord et pas d'accord du tout et 0 pour Ni en désaccord, Ni d'accord). Les logiciels SPSS[134] et EXCEL[135] ont été utilisés pour analyser les données et présenter les résultats.

Avec SPSS, nous avons croisé la variable âge avec les 26 items de la confiance pour obtenir les niveaux de confiance pour chaque facette de la confiance. Ces résultats ont été ensuite ressaisis sur une feuille de calcul

---

[134] Logiciel d'analyse prédictive. Il est développé par la société IBM

[135] Logiciel tableur de la suite bureautique Microsoft Office. Il est édité par la société Microsoft

Excel où des calculs complémentaires ont été effectués pour produire des résultats que nous présentons dans le paragraphe suivant.

6.b.2) Présentation des résultats

Dans cette recherche, les niveaux de confiance des répondants ont été comparés par tranches d'âges. L'analyse des données révèle que les utilisateurs âgés entre 33 et 44 ans ont un niveau de confiance plus élevé que les autres. On est donc en droit d'affirmer que l'âge influence la confiance.

6.b.2.1) Les résultats principaux

6.b.2.1.1) Confiance par tranche d'âge

Le tableau ci-dessous issu de notre croisement des facettes de la confiance (bienveillance, intégrité, compétence, acceptation de la dépendance, volonté de suivre les conseils, dispositions à donner les informations personnelles, intention de payer par téléphone mobile) avec les groupes d'âges (18-32 ans, 33-44 ans, 45-54 ans, 55-63 ans, 64 ans et plus)montre que les répondants dont l'âge est compris entre 33 et 44 ansont un niveau de confiance plus élevé que ceux des autres groupes d'âges étudiés.

Tableau 43 : Niveaux de confiance des pratiquants d'Orange Money par tranche d'âge

Facettes de la confiance	18-32 ans	33-44 ans	45-54 ans
Bienveillance	76	175	109
Intégrité	-36	115	18
Compétence	452	460	491
Acceptation de la dépendance	164	260	73
Volonté de suivre les conseils	244	283	200
Disposition à donner les informations personnelles	-96	15	-55
Intention de payer par téléphone mobile	298	288	300

La figure suivante issue de notre représentation des données du tableau précédent montre que le niveau de confiance des répondants âgés entre 33 et 44 ans est plus élevé que ceux des autres tranches d'âges.

Figure 18 : Niveaux de confiance des pratiquants d'Orange Money par tranche d'âge

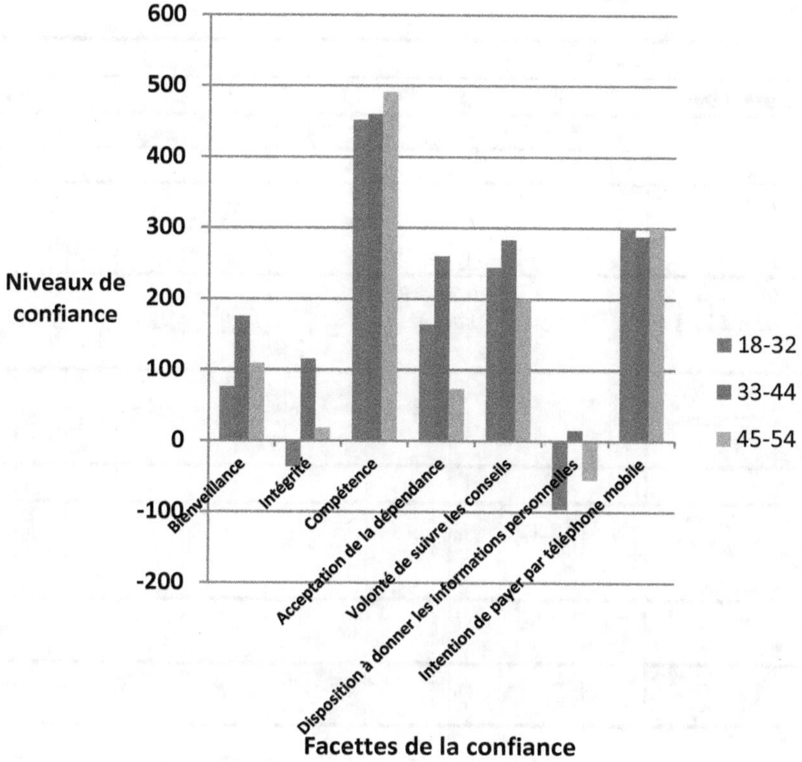

6.b.2.1.2) Croisement de la variable âge avec les facettes de la confiance (bienveillance, intégrité et compétence)

Le tableau suivant issu de notre croisement de la variable âge avec les facettes de la confiance (bienveillance, intégrité, compétence) montre que les répondants hommes des tranches d'âges de 18-32 ans et de 45-54 ans sont les plus méfiants par rapport aux transactions monétaires sur téléphone mobile (voir les parties encerclées du tableau). Par contre, les répondants de la tranche d'âge de 33-44 ans trouvent que la société Orange Mali est intègre.

Tableau 44 : Croisement de la variable Âge avec les facettes de la confiance (Bienveillance, Intégrité, Compétence)

			HOMMES																				FEMMES																			
N°	N°	Facettes de la confiance	18-32					N1	33-44					N2	45-54					N3	T	18-32					N1	33-44					N2	45-54					N3	T		
			[1]	[2]	[3]	[4]	[5]		[1]	[2]	[3]	[4]	[5]		[1]	[2]	[3]	[4]	[5]			[1]	[2]	[3]	[4]	[5]		[1]	[2]	[3]	[4]	[5]		[1]	[2]	[3]	[4]	[5]				
		Bienveillance																																								
1	1	Orange Mali semble se sentir très concernée par mon bien-être	10	87	55	9	3	33	11	17	5	2	0	21	1	4	4	0	0	1	55	7	52	24	3	0	32	3	7	2	0	1	5	0	1	0	0	1	1	41		
2	2	Mes besoins et mes désirs semblent être importants pour Orange Mali	9	91	52	10	2	38	8	19	5	2	1	20	0	5	3	0	0	3	61	6	51	24	3	2	30	2	9	2	0	0	9	1	1	0	0	0	2	41		
3	3	Orange Mali semble vraiment chercher à savoir ce qui est important pour moi	6	90	55	12	1	29	10	17	5	3	0	19	0	5	3	0	0	3	51	4	53	25	3	1	29	2	7	2	0	2	7	1	1	0	0	0	2	38		
		Intégrité																																								
4	4	Orange Mali me semble faire des efforts pour être loyale dans les relations avec autrui	6	65	54	5	1	-21	6	17	11	0	1	12	0	5	3	0	0	3	-5	6	40	38	1	1	7	4	7	2	0	0	9	1	0	1	0	0	0	15		
5	5	J'apprécie les valeurs d'Orange Mali	8	55	91	5	2	-35	7	14	14	0	0	7	1	5	3	0	0	3	-26	8	27	50	0	1	-15	4	6	3	0	0	7	0	0	1	0	1	-1	-9		
6	6	Orange Mali semble être guidé par des principes sains	6	60	57	6	5	-27	6	16	11	0	2	11	0	3	5	0	0	-3	-19	5	38	41	0	2	2	3	8	2	0	0	9	0	1	1	0	0	0	11		
		Compétences																																								
7	7	Orange paraît tout à fait capable de gérer les paiements mobiles	31	119	13	0	1	137	6	27	2	0	0	31	2	7	0	0	0	9	177	9	71	3	0	3	77	2	11	0	0	0	13	1	1	0	0	0	2	98		
8	8	L'entreprise Orange Mali semble réussir ce qu'elle entreprend	29	127	7	0	1	149	5	29	1	0	0	33	1	8	0	0	0	9	191	9	75	1	0	1	83	2	11	0	0	0	13	1	1	0	0	0	2	98		
9	9	Orange semble avoir de solides connaissances pour conduire les paiements mobiles	31	125	5	0		148	7	25	0	0	2	33	2	7	0	0	0	9	190	10	73	1	1	1	81	3	10	0	0	0	13	1	1	0	0	0	2	95		
10	10	Je fais confiance au savoir-faire d'Orange pour les paiements mobiles	34	120	9	0		145	7	26	0	1	1	32	2	7	0	0	0	9	186	12	70	1	1	2	80	2	10	1	0	0	11	1	1	0	0	0	2	93		
11	11	Orange paraît être bien qualifiée dans le secteur de la téléphonie mobile	33	124	6	0		151	8	24	1	1	1	30	2	7	0	0	0	9	190	11	71	2	1	1	79	2	10	0	0	0	12	1	1	0	0	0	2	93		

6.b.2.1.3) Croisement de la variable âge avec les facettes de la confiance (acceptation de la dépendance, volonté de suivre les conseils)

Le tableau suivant issu de notre croisement de la variable âge avec les facettes de la confiance (acceptation de la dépendance, volonté de suivre les conseils) montre que les répondants féminins dont l'âge est compris entre 45 et 54 ans se méfient de suivre les conseils de la société Orange Mali (voir parties encerclées sur le tableau).

Tableau 45 : Croisement de la variable Âge avec les facettes de la confiance (Acceptation de la dépendance, Volonté de suivre les conseils)

HOMMES

N°	Facettes de la confiance	18-32 [1]	18-32 [2]	18-32 [3]	18-32 [4]	18-32 [5]	N1	33-44 [1]	33-44 [2]	33-44 [3]	33-44 [4]	33-44 [5]	N2	45-54 [1]	45-54 [2]	45-54 [3]	45-54 [4]	45-54 [5]	N3	T
	Acceptation de la dépendance																			
12	Si un problème important survient avec mon mobile, je me sentirais bien en étant dépendant des services d'Orange Mali	10	98	33	14	9	51	7	20	5	2	1	20	0	5	4	0	0	1	52
13	Je pourrais toujours me reposer sur le service d'Orange Mali en cas de situation difficile avec mon mobile	9	99	33	14	9	51	5	21	5	2	2	19	0	5	4	0	0	1	51
14	Je pense que je pourrais compter sur l'aide des services d'Orange Mali en cas de problème crucial avec mon mobile	9	96	55	14	10	56	5	21	4	2	2	21	0	5	4	0	0	1	75
15	Si je rencontrais un problème sérieux avec mon mobile qui nécessiterait une aide, j'aimerais bien me reposer sur le service d'Orange Mali	10	96	37	12	9	57	5	21	4	2	2	21	1	4	4	0	0	1	79
	Volonté de suivre les conseils																			
16	Si j'avais un problème important avec mon mobile, je souhaiterais avoir les conseils des techniciens d'Orange Mali	15	108	31	5	5	87	5	23	3	1	0	27	2	5	0	1	0	7	121
17	Je me sentirais en confiance pour suivre les conseils donnés par les techniciens d'Orange Mali	13	113	25	5	7	95	5	24	3	2	1	24	2	6	0	1	0	7	125
18	Je n'hésiterais pas à me servir des conseils donnés par les techniciens d'Orange	11	116	24	7	6	95	5	22	4	4	0	19	2	6	0	1	0	7	122
19	Je me sentirais en sécurité en suivant les conseils donnés par les techniciens d'Orange	12	115	25	5	7	97	4	24	4	1	2	23	1	7	0	1	0	7	127

FEMMES

N°	18-32 [1]	18-32 [2]	18-32 [3]	18-32 [4]	18-32 [5]	N1	33-44 [1]	33-44 [2]	33-44 [3]	33-44 [4]	33-44 [5]	N2	45-54 [1]	45-54 [2]	45-54 [3]	45-54 [4]	45-54 [5]	N3	T
12	5	57	21	0	3	41	3	9	1	0	0	11	1	0	0	0	1	1	53
13	3	51	19	0	3	45	2	10	1	0	0	11	1	0	0	0	1	1	57
14	3	51	19	0	3	45	4	8	1	0	0	11	0	1	0	0	1	1	57
15	5	57	20	0	3	43	3	9	1	0	0	11	0	1	0	0	1	1	55
16	5	68	7	2	4	54	3	9	1	0	0	11	0	0	1	0	1	-1	74
17	4	65	6	3	8	60	4	5	1	0	0	11	0	0	1	0	1	-1	69
18	3	65	3	5	10	50	3	8	1	0	1	10	0	0	1	0	1	-1	59
19	4	50	9	3	10	52	3	9	1	0	0	11	0	0	1	1	0	-2	61

6.b.2.1.4) Croisement de la variable âge avec les facettes de la confiance (disposition à donner les informations personnelles, intention de payer par téléphone mobile)

Le tableau suivant issu de notre croisement de la variable âge avec les facettes de la confiance (disposition à donner les informations personnelles, intention de payer par téléphone mobile) montre que les répondants sont méfiants quant à la fourniture de leurs informations personnelles à Orange Mali.

Tableau 46 : Croisement de la variable Âge avec les facettes de la confiance (disposition à donner des informations personnelles, intention de payer par téléphone mobile)

HOMMES

N°	Facettes de la confiance	18-32 [1]	18-32 [2]	18-32 [3]	18-32 [4]	18-32 [5]	N1	33-44 [1]	33-44 [2]	33-44 [3]	33-44 [4]	33-44 [5]	N2	45-54 [1]	45-54 [2]	45-54 [3]	45-54 [4]	45-54 [5]	N3	T
	Disposition à donner des informations personnelles																			
20	Je serais d'accord pour communiquer des informations personnelles aux techniciens d'Orange Mali	7	45	95	15	1	-57	5	10	16	3	1	-4	2	2	5	0	0	-1	-52
21	Je serais d'accord pour donner le code PIN de mon mobile aux techniciens d'Orange Mali	6	36	104	17	1	-79	4	5	19	5	1	-14	1	2	5	0	0	-3	-95
22	Je serais d'accord pour communiquer les spécificités de mon téléphone mobile aux techniciens d'Orange Mali	5	59	63	15	1	-35	3	9	15	5	2	-9	1	3	5	0	0	-1	-45
23	Je serais d'accord pour autoriser les techniciens d'Orange Mali à utiliser mon mobile pour m'aider à résoudre des problèmes	6	52	61	13	2	14	3	19	9	2	2	11	2	4	3	0	0	3	25
	Intention de payer par téléphone																			
24	Je souhaiterais payer ma facture par téléphone mobile	29	134	1	0	0	152	11	22	2	0	0	31	1	5	0	0	0	9	202
25	Je recommanderais le paiement mobile d'Orange à un ami	29	135	0	0	0	154	13	21	1	0	0	33	1	8	0	0	0	9	205
26	Je m'enregisterais à Orange money	31	133	0	0	0	154	14	21	0	0	0	35	2	7	0	0	0	9	205

FEMMES

N°	Facettes de la confiance	18-32 [1]	18-32 [2]	18-32 [3]	18-32 [4]	18-32 [5]	N1	33-44 [1]	33-44 [2]	33-44 [3]	33-44 [4]	33-44 [5]	N2	45-54 [1]	45-54 [2]	45-54 [3]	45-54 [4]	45-54 [5]	N3	T
	Disposition à donner des informations personnelles																			
20	Je serais d'accord pour communiquer des informations personnelles aux techniciens d'Orange Mali	3	20	52	8	3	37	3	8	1	1	0	9	0	0	1	1	0	-2	-30
21	Je serais d'accord pour donner le code PIN de mon mobile aux techniciens d'Orange Mali	2	15	58	9	1	-49	3	3	6	1	0	-1	0	0	1	1	0	-2	-52
22	Je serais d'accord pour communiquer les spécificités de mon téléphone mobile aux techniciens d'Orange Mali	3	29	45	6	3	-19	4	6	2	1	0	7	1	0	1	0	0	0	-12
23	Je serais d'accord pour autoriser les techniciens d'Orange Mali à utiliser mon mobile pour m'aider à résoudre des problèmes	5	47	25	5	3	21	3	7	1	1	1	8	1	0	1	0	0	0	29
	Intention de payer par téléphone																			
24	Je souhaiterais payer ma facture par téléphone mobile	12	73	1	0	0	54	4	9	0	0	0	13	1	1	0	0	0	2	99
25	Je recommanderais le paiement mobile d'Orange à un ami	12	74	0	0	0	56	5	5	0	0	0	13	1	1	0	0	0	2	101
26	Je m'enregisterais à Orange money	12	74	0	0	0	55	6	7	0	0	0	13	1	1	0	0	0	2	101

6. b.2.2) Les résultats secondaires

Le tableau suivant issu de nos analyses des données montre que la totalité des utilisateurs d'Orange Money sont âgés de moins de 55 ans.

Tableau 47 : Pratique d'Orange Money selon l'âge

Âges	Fréquence	Pourcentage	Pourcentage cumulé
18-32	250	80,9	80,9
33-44	48	15,5	96,4
45-54	11	3,6	100,0
Total	309	100,0	

La figure suivante issue de notre représentation graphique des données du tableau précédent montre que les répondants âgés de moins de 55 ans sont les principaux utilisateurs d'Orange Money avec une forte domination des répondants dont l'âge est compris entre 18 et 32 ans.

Figure 19: Pratique d'Orange Money selon l'âge

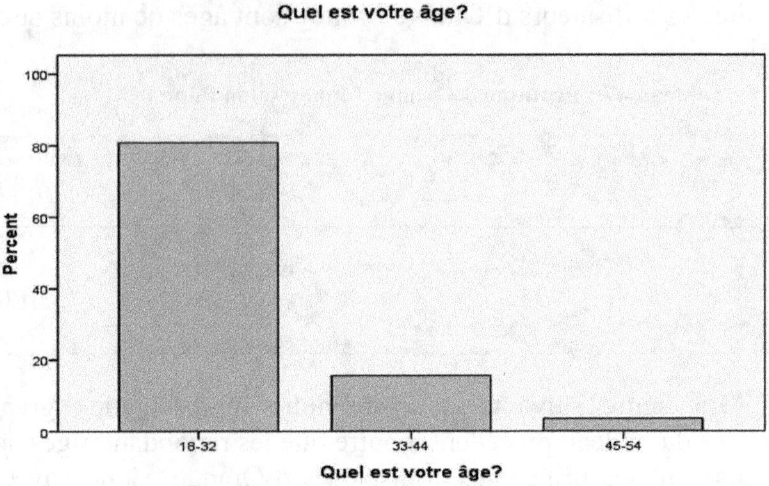

6. b.3) Conclusion

En conclusion, l'analyse des données de cette recherche indique clairement que l'hypothèse de cette recherche, selon laquelle les répondants âgés entre 33 et 44 ans ont un niveau de confiance plus élevé dans les transactions monétaires sur téléphone mobile est confirmée.

6.c) La confiance selon le niveau d'études des répondants

Au début de cette recherche, nous avons émis une hypothèse selon laquelle le niveau de confiance dans les transactions monétaires sur téléphone mobile des répondants sans aucun niveau d'études est plus élevé que ceux avec au moins un niveau d'études. Dans le cadre de la vérification de cette hypothèse, nous avons collecté des données par questionnaire auprès de 309 répondants dans le district de Bamako. Le traitement de ces données donne des résultats que nous présentons ici. Mais nous commençons en premier par la présentation de notre méthodologie d'analyse.

6.c.1) Les méthodes d'analyse

Dans cette analyse, l'échelle à cinq niveaux de Rensis Likert a été utilisée pour mesurer les niveaux de confiance dans les transactions monétaires sur téléphone mobile. Une note a été attribuée à chaque catégorie (+1 pour d'accord et tout à fait d'accord ; -1 pour pas tout à fait d'accord et pas d'accord du tout et 0 pour ni en désaccord, ni d'accord). Les logiciels SPSS[136] et EXCEL[137] ont été utilisés pour analyser les données et présenter les résultats. Avec SPSS, nous avons croisé la variable niveau d'études avec les 26 items de la confiance pour obtenir les niveaux de confiance. Ces résultats ont été ensuite ressaisis sur une feuille de calcul Excel où des calculs complémentaires ont été effectués pour produire des résultats que nous présentons dans le paragraphe suivant.

---

[136] Logiciel d'analyse prédictive. Il est développé par la société IBM

[137] Logiciel tableur de la suite bureautique Microsoft Office. Il est édité par la société Microsoft

6.c.2) Présentation des résultats

Dans cette recherche, les niveaux de confiance des répondants ont été comparés par niveau d'études. L'analyse des données révèle que les utilisateurs sans aucun niveau d'études ont un niveau de confiance plus élevé. On est donc en droit d'affirmer que le niveau d'études influence la confiance.

6.c.2.1) Les résultats principaux

6.c.2.1.1) Synthèse des niveaux de confiance par facette

Le tableau suivant issu de notre croisement de la variable niveau d'études avec les facettes de la confiance (bienveillance, intégrité, compétence, acceptation de la dépendance, volonté de suivre les conseils, disposition à donner les informations personnelles, intention de payer par téléphone mobile) montre que les niveaux de confiance des répondants sans aucun niveau d'études sont plus élevés que ceux des répondants avec au moins un niveau d'études.

Tableau 48 : Niveaux de confiance des pratiquants d'Orange Money par niveau d'études

Facettes	Aucun	Primaires	Lycée	Licence	Master-Doctorat
Bienveillance	184	65	137	55	152
Intégrité	88	4	93	-69	68
Compétence	496	500	444	440	452
Acceptation de la dépendance	212	161	274	148	200
Volonté de suivre les conseils	302	313	233	228	248
Disposition à donner des informations personnelles	-16	9	-37	-119	-35
Intention de payer par *téléphone mobile*	300	300	293	299	281

La figure suivante issue de notre représentation graphique des données du tableau précédent montre que les niveaux de confiance des répondants sans aucun niveau d'étudessont dans l'ensemble plus élevés que ceux avec un niveau d'études.

Figure 20: Niveaux de confiance des pratiquants d'Orange Money par niveau d'études

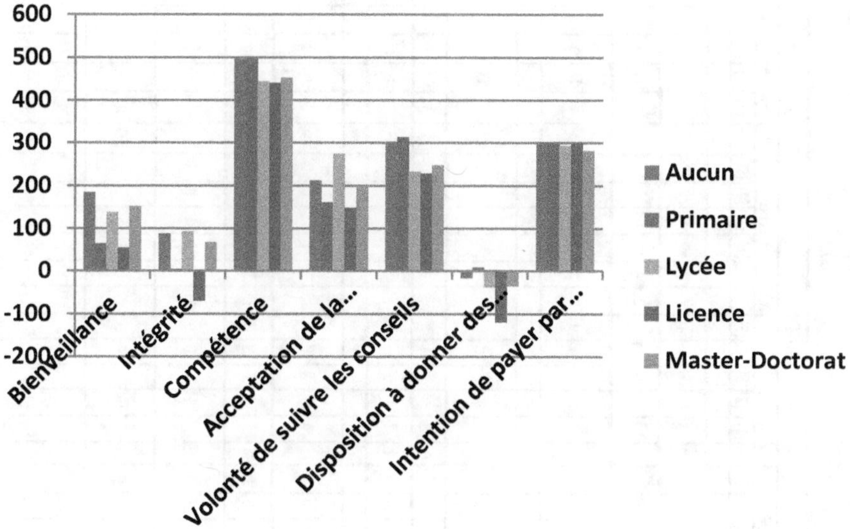

6.c.2.1.2) Croisement de la variable niveau d'études avec les facettes de la confiance (Bienveillance, Intégrité, Compétence)

Le tableau suivant issu de notre croisement de la variable niveau d'études pour les hommes avec les facettes de la confiance (bienveillance, intégrité, compétence) montre des opinions négatives des répondants s'agissant de la catégorie intégrité de la société Orange Mali (voir les parties encerclées du tableau).

Tableau 49 : Croisement de la variable niveau d'études avec les facettes de la confiance (bienveillance, intégrité, compétence)

N°	N°	Facettes de la confiance	HOMMES																													
			Aucun					N1	Primaire					N2	Lycée					N3	Licence					N4	Master - Doctorat					N5	S
			[1]	[2]	[3]	[4]	[5]		[1]	[2]	[3]	[4]	[5]		[1]	[2]	[3]	[4]	[5]		[1]	[2]	[3]	[4]	[5]		[1]	[2]	[3]	[4]	[5]		
		Bienveillance																															
1	1	Orange Mali semble se sentir très concerné par mon bien-être	1	25	9	1	0	15	0	11	5	1	0	4	3	6	5	0	1	4	9	55	40	7	2	17	9	11	4	2	0	14	55
2	2	Mes besoins et mes désirs semblent être importants pour Orange Mali	1	26	5	1	0	15	0	11	5	1	0	4	3	6	5	0	1	4	5	50	38	7	2	21	7	13	3	3	0	14	51
3	3	Orange Mali semble vraiment chercher à savoir ce qui est important pour moi	1	25	5	1	0	18	0	11	5	1	0	4	2	5	5	2	0	1	5	59	39	8	1	15	7	11	5	3	0	10	51
		Intégrité																															
4	4	Orange Mali me semble faire des efforts pour être loyal dans les relations avec autrui	0	23	12	1	0	10	0	10	5	0	0	2	3	4	5	2	0	-1	4	38	54	5	2	-27	5	13	5	0	0	10	-5
5	5	J'apprécie les valeurs d'Orange Mali	0	20	15	1	0	4	0	9	9	0	0	0	2	5	5	1	0	1	7	31	57	5	2	-35	5	13	5	0	0	10	-5
6	6	Orange Mali semble être guidé par des principes sains	0	21	14	1	0	5	0	5	10	0	0	-2	2	7	6	0	0	3	5	37	61	5	5	-24	5	6	13	0	2	-2	-19
		Compétences																															
7	7	Orange Mali paraît tout à fait capable de gérer les paiements mobiles	4	32	0	0	0	35	2	15	0	0	0	15	3	11	1	0	0	13	23	77	12	0	2	88	7	17	2	0	0	22	177
8	8	L'entreprise Orange Mali semble réussir ce qu'elle entreprend	4	32	0	0	0	35	2	15	0	0	0	15	2	13	0	0	0	15	22	52	5	0	1	95	5	21	0	0	0	25	191
9	9	Orange Mali semble avoir de solides connaissances pour conduire les paiements mobiles	4	32	0	0	0	35	2	15	0	0	0	15	4	11	0	0	0	15	23	82	7	0	1	98	7	17	1	0	1	23	190
10	10	Je fais confiance au savoir-faire d'Orange Mali pour les paiements mobiles	4	31	1	0	0	34	2	15	0	0	0	15	4	10	1	0	0	13	23	53	5	0	1	100	10	13	1	1	1	21	185
11	11	Orange Mali paraît être bien qualifiée dans le secteur de la téléphonie mobile	4	32	0	0	0	35	2	15	0	0	0	15	5	10	0	0	0	15	23	82	7	0	1	98	9	15	0	1	1	23	190

0 00 0

6.c.2.1.3) Croisement de la variable niveau d'études avec les facettes de la confiance (acceptation de la dépendance, volonté de suivre les conseils)

Le tableau suivant issu de notre croisement de la variable niveau d'études des hommes avec les facettes de la confiance (acceptation de la dépendance, volonté de suivre les conseils) montre une représentation positive des répondants.

Tableau 50 : Croisement de la variable niveau d'études avec les facettes de la confiance (acceptation de la dépendance, volonté de suivre les conseils)

		HOMMES																														
N°	Facettes de la confiance	Aucun					N1	Primaire					N2	Lycée					N3	Licence					N4	Master - Doctorat					N5	S
		[1]	[2]	[3]	[4]	[5]		[1]	[2]	[3]	[4]	[5]		[1]	[2]	[3]	[4]	[5]		[1]	[2]	[3]	[4]	[5]		[1]	[2]	[3]	[4]	[5]		
	Acceptation de la dépendance																															
12	Si un problème important survient avec mon mobile, je me sentirais rassuré en étant dépendant des services d'Orange Mali	0	25	8	2	1	15	0	12	5	1	0	5	2	10	1	2	0	9	5	65	23	9	8	41	7	11	5	2	1	11	52
13	Je pourrais toujours me reposer sur le service d'Orange Mali en cas de situation difficile avec mon mobile	0	25	7	2	1	17	0	11	5	1	1	5	2	9	2	2	0	7	7	55	23	9	5	41	5	13	5	2	1	11	51
14	Je pense que je pourrais compter sur l'aide des services d'Orange Mali en cas de problème crucial avec mon mobile	0	25	7	2	1	17	0	11	5	1	1	5	1	9	3	2	0	5	8	54	23	9	9	40	5	12	5	2	1	11	75
15	Si je rencontrais un problème sérieux avec mon mobile qui nécessiterait une aide, j'aimerais bien me reposer sur le service d'Orange Mali	1	24	5	2	1	15	0	11	5	1	1	5	3	5	3	1	0	7	5	55	24	5	5	41	5	13	5	2	1	11	79
	Volonté de suivre les conseils																															
16	Si j'avais un problème important avec mon mobile, je souhaiterais avoir les conseils des techniciens d'Orange Mali	1	29	4	2	0	24	1	15	0	0	1	17	3	7	4	0	1	6	14	69	22	5	3	55	6	15	4	0	0	15	121
17	Je me sentirais en confiance pour suivre les conseils donnés par les techniciens d'Orange Mali	1	30	3	2	0	25	1	15	0	0	1	17	2	10	2	0	1	10	12	71	20	5	5	55	4	14	4	1	1	15	125
18	Je n'hésiterais pas à me servir des conseils donnés par les techniciens d'Orange Mali	1	31	2	2	0	25	1	15	0	0	1	17	2	10	2	0	1	10	10	73	19	7	4	57	4	14	5	3	0	10	122
19	Je me sentirais en sécurité en suivant les conseils donnés par les techniciens d'Orange Mali	1	30	3	2	0	25	1	15	0	0	1	17	3	5	3	0	1	5	10	74	19	5	5	50	2	15	4	0	2	15	127

6.c.2.1.4) Croisement de la variable niveau d'études avec les facettes de la confiance (disposition à donner les informations personnelles, intention de payer par téléphone mobile)

Le tableau suivant issu de notre croisement de la variable niveau d'études des hommes avec les facettes de la confiance (disposition à donner les informations personnelles, intention de payer par téléphone) montre que les répondants se méfient de fournir leurs données personnelles à Orange Mali (voir les parties encerclées du tableau).

Tableau 51 : Croisement de la variable niveau d'études avec les facettes de la confiance (disposition à donner des informations personnelles, intention de payer par téléphone mobile)

		HOMMES																														
°	Facettes de la confiance	Aucun					1	Primaire					2	Lycée						3	Licence	4		Master - Doctorat				5				
		1]	2]	3]	4]	5]		1]	2]	3]	4]	5]		1]	2]	3]	4]	5]		1]	[2]	3]	4]	5]		1]	2]	3]	4]	5]		
	Disposition à donner des informations personnelles																															
0	Je serais d'accord pour communiquer des informations personnelles aux techniciens d'Orange Mali		3	1			5						2						3		25	7	3		49			1				52
1	Je serais d'accord pour donner le code PIN de mon mobile aux techniciens d'Orange Mali		1	25	0	0	14			0			5			0			5		23	0	5		55			4			15	95
2	Je serais d'accord pour partager les spécificités de mon téléphone mobile avec les techniciens d'Orange Mali		4	2			5												3		37	6	3		27			0			7	45
3	Je serais d'accord pour autoriser les techniciens d'Orange Mali à utiliser mon mobile pour m'aider à résoudre des problèmes		5				5		1												50	5	0				1					5
	Intention de payer par téléphone																															
4	Je souhaiterais payer ma facture par téléphone mobile		3				5		5				15	2	2				3	4	59				13	0	4				2	02
5	Je recommanderais le paiement mobile d'Orange Mali à un ami		3				5		5				5		3				5	4	59				13	2	3				4	05
6	Je m'enregistrerais à Orange money	3	33	0			5	2	15	0			5		2				5	5	55			0	13	4	2				6	05

6.c.2.1.5) Croisement de la variable niveau d'études des femmes avec les facettes de la confiance (bienveillance, intégrité, compétence)

Le tableau suivant issu de notre croisement de la variable niveau d'études avec les facettes de la confiance (bienveillance, intégrité, compétence) montre que les femmes avec un niveau d'études ont des opinions négatives concernant l'intégrité et la valeur de la société Orange Mali (voir les parties encadrées du tableau).

Tableau 52: Croisement de la variable niveau d'études des femmes avec les facettes de la confiance (bienveillance, intégrité, compétence)

Facettes de la confiance	FEMMES – Aucun [1]	Aucun [2]	Aucun [3]	Aucun [4]	Aucun [5]	N1	Primaire [1]	Primaire [2]	Primaire [3]	Primaire [4]	Primaire [5]	N2	Lycée [1]	Lycée [2]	Lycée [3]	Lycée [4]	Lycée [5]	N3	Licence [1]	Licence [2]	Licence [3]	Licence [4]	Licence [5]	N4	Master - Doctorat [1]	Master - Doctorat [2]	Master - Doctorat [3]	Master - Doctorat [4]	Master - Doctorat [5]	N5	S
Bienveillance																															
Orange Mali semble se sentir très concerné par mon bien-être	2	11	0	0	0	13	1	2	2	0	0	1	3	7	1	0	1	9	4	35	22	3	1	15	0	4	1	0	0	3	41
Mes besoins et mes désirs semblent être importants pour Orange Mali	0	13	0	0	0	13	1	2	2	0	0	1	4	5	1	0	1	9	4	35	22	3	1	15	0	4	1	0	0	3	41
Orange Mali semble vraiment chercher à savoir ce qui est important pour moi	0	12	0	0	1	12	1	2	2	0	0	1	3	8	1	0	0	10	3	35	23	3	2	12	0	4	1	0	0	3	38
Intégrité																															
Orange Mali me semble faire des efforts pour être loyal dans les relations avec autrui	2	9	2	0	0	9	1	2	2	0	0	1	4	7	1	0	0	10	4	25	35	1	1	-7	0	4	1	0	0	3	16
J'apprécie les valeurs d'Orange Mali	2	6	5	0	0	3	1	1	3	0	0	-1	3	4	3	0	2	4	5	18	42	0	0	-18	0	4	1	0	0	3	-9
Orange Mali semble être guidé par des principes sains	2	10	1	0	0	11	1	2	2	0	0	1	2	8	2	0	0	8	3	23	35	0	2	-12	0	4	1	0	0	3	11
Compétences																															
Orange Mali paraît tout à fait capable de gérer les paiements mobiles	0	13	0	0	0	13	1	4	0	0	0	5	3	7	0	0	2	10	7	54	3	0	2	58	0	5	0	0	0	5	91
L'entreprise Orange Mali semble réussir ce qu'elle entreprend	0	13	0	0	0	13	1	4	0	0	0	5	3	7	1	0	1	9	5	58	0	0	0	55	5	0	0	0	0	5	98
Orange Mali semble avoir de solides connaissances pour conduire les paiements mobiles	0	13	0	0	0	13	1	4	0	0	0	5	3	8	0	0	1	11	10	54	1	1	0	52	0	5	0	0	0	5	95
Je fais confiance au savoir-faire d'Orange Mali pour les paiements mobiles	1	12	0	0	0	13	1	4	0	0	0	5	3	7	0	0	2	10	10	53	2	1	0	50	0	5	0	0	0	5	93
Orange Mali paraît être bien qualifiée dans le secteur de la téléphonie [illegible]	[illegible]	[illegible]	[illegible]	[illegible]	[illegible]	[illegible]	[illegible]	[illegible]	[illegible]	[illegible]	[illegible]	[illegible]	[illegible]	[illegible]	[illegible]	[illegible]	[illegible]	[illegible]	[illegible]	[illegible]	[illegible]	[illegible]	[illegible]	[illegible]	[illegible]	[illegible]	[illegible]	[illegible]	[illegible]	[illegible]	[illegible]

6.c.2.1.6) Croisement de la variable niveau d'études des femmes avec les facettes de la confiance (acceptation de la dépendance, volonté de suivre les conseils)

Le tableau suivant issu de notre croisement de la variable niveau d'études avec les facettes de la confiance (acceptation de la dépendance, volonté de suivre les conseils) montre des représentations positives des femmes sur les facettes proposées.

Tableau 53 : Croisement de la variable niveau d'études des femmes avec les facettes de la confiance (acceptation de la dépendance, volonté de suivre les conseils)

		FEMMES																														
N°	Facettes de la confiance	Aucun					N1	Primaire					N2	Lycée					N3	Licence					N4	Master - Doctorat					N5	S
		[1]	[2]	[3]	[4]	[5]		[1]	[2]	[3]	[4]	[5]		[1]	[2]	[3]	[4]	[5]		[1]	[2]	[3]	[4]	[5]		[1]	[2]	[3]	[4]	[5]		
	Acceptation de la dépendance																															
12	Si un problème important survient avec mon mobile, je me sentirais bien en étant dépendant des services d'Orange Mali	2	9	1	0	1	10	2	2	0	0	1	4	2	10	0	0	0	12	3	41	20	0	2	24	0	4	1	0	0	3	53
13	Je pourrais toujours me reposer sur le service d'Orange Mali en cas de situation difficile avec mon mobile	0	11	1	0	1	10	2	2	0	0	1	4	1	11	0	0	0	12	3	42	19	0	2	25	0	5	0	0	0	5	57
14	Je pense que je pourrais compter sur l'aide des services d'Orange Mali en cas de problème crucial avec mon mobile	0	11	1	0	1	10	2	2	0	0	1	4	1	11	0	0	0	12	4	41	19	0	2	25	0	5	0	0	0	5	57
15	Si je rencontrais un problème sérieux avec mon mobile qui nécessiterait une aide, j'aimerais bien me reposer sur le service d'Orange Mali	1	10	1	0	1	10	2	2	0	0	1	4	1	10	1	0	0	10	5	40	19	0	2	25	0	5	0	0	0	5	55
	Volonté de suivre les conseils																															
16	Si j'avais un problème important avec mon mobile, je souhaiterais avoir les conseils des techniciens d'Orange Mali	2	10	1	0	0	11	1	2	2	0	0	1	1	5	2	0	1	7	4	53	3	2	4	52	0	4	1	0	0	3	74
17	Je me sentirais en confiance pour suivre les conseils donnés par les techniciens d'Orange Mali	2	10	1	0	0	11	1	2	2	0	0	1	1	9	0	1	1	9	4	47	5	3	7	43	5	0	0	0	0	5	69
18	Je n'hésiterais pas à me servir des conseils donnés par les techniciens d'Orange Mali	2	10	1	0	0	11	1	2	2	0	0	1	1	5	0	1	2	5	2	45	2	4	10	44	0	5	0	0	0	5	69
19	Je me sentirais en sécurité en suivant les conseils donnés par les techniciens d'Orange Mali	2	10	1	0	0	11	1	2	2	0	0	1	1	7	2	1	1	5	2	45	6	3	9	39	1	4	0	0	0	5	61

6.c.2.1.7) Croisement de la variable niveau d'études des femmes avec les facettes de la confiance (disposition à donner les informations personnelles, intention de payer par téléphone mobile)

Le tableau suivant issu de notre croisement de la variable niveau d'études avec les facettes de la confiance (disposition à donner les informations personnelles, intention de payer par téléphone) montre que dans l'ensemble les femmes se méfient de donner leurs données personnelles à Orange Mali (voir les parties encerclées du tableau).

Tableau 54 : Croisement de la variable niveau d'études des femmes avec les facettes de la confiance (disposition à donner des informations personnelles, intention de payer par téléphone mobile)

		FEMMES																														
N°	Facettes de la confiance	Aucun					N1	Primaire					N2	Lycée					N3	Licence					N4	Master - Doctorat					N5	S
		[1]	[2]	[3]	[4]	[5]		[1]	[2]	[3]	[4]	[5]		[1]	[2]	[3]	[4]	[5]		[1]	[2]	[3]	[4]	[5]		[1]	[2]	[3]	[4]	[5]		
	Disposition à donner des informations personnelles																															
20	Je serais d'accord pour communiquer des informations personnelles aux techniciens d'Orange Mali	0	5	5	0	0	3	2	1	1	1	0	1	0	4	6	2	0	-4	3	13	41	5	3	-31	1	2	1	1	0	1	-30
21	Je serais d'accord pour donner le code PIN de mon mobile aux techniciens d'Orange Mali	0	3	9	1	0	-7	2	1	1	1	0	1	0	3	7	2	0	-5	2	12	45	6	1	-37	1	0	3	1	0	-3	-52
22	Je serais d'accord pour communiquer les spécificités de mon téléphone mobile aux techniciens d'Orange Mali	0	5	4	1	0	3	2	1	2	0	0	1	2	4	5	1	0	0	3	19	36	5	3	-19	1	3	1	0	0	3	-12
23	Je serais d'accord pour autoriser les techniciens d'Orange Mali à utiliser mon mobile pour m'aider à résoudre des problèmes	0	9	3	1	0	5	2	2	1	0	0	3	1	9	1	1	0	5	5	30	22	5	4	5	1	4	0	0	0	5	29
	Intention de payer par téléphone																															
24	Je souhaiterais payer ma facture par téléphone mobile	1	12	0	0	0	13	2	3	0	0	0	5	3	9	0	0	0	12	10	55	0	1	0	64	1	4	0	0	0	5	99
25	Je recommanderais le paiement mobile d'Orange Mali à un ami	2	11	0	0	0	13	2	3	0	0	0	5	2	10	0	0	0	12	11	55	0	0	0	65	1	4	0	0	0	5	101
26	Je m'enregistrerais à Orange Money	2	11	0	0	0	13	2	3	0	0	0	5	3	9	0	0	0	12	11	55	0	0	0	65	1	4	0	0	0	5	101

6.c.2.2) Les résultats sécondaires

Le tableau suivant issu de notre analyse des données montre que les répondants éduqués sont les plus gros utilisateurs d'Orange Money.

Tableau 55 : Pratique d'Orange Money selon le niveau d'études

Niveau d'études	Fréquence	Pourcentage	Pourcentage cumulé
Aucun	49	15,9	15,9
Primaire et collège	23	7,4	23,3
Lycée	27	8,7	32,0
Licence	179	57,9	90,0
Master-Doctorat	31	10,0	100,0
Total	**309**	**100,0**	

La figure suivante issue de notre représentation graphique des données du tableau précédent montre que les répondants éduqués ont des niveaux de pratique d'Orange Money plus élevés.

Figure 21: Pratique d'Orange Money selon le niveau d'études

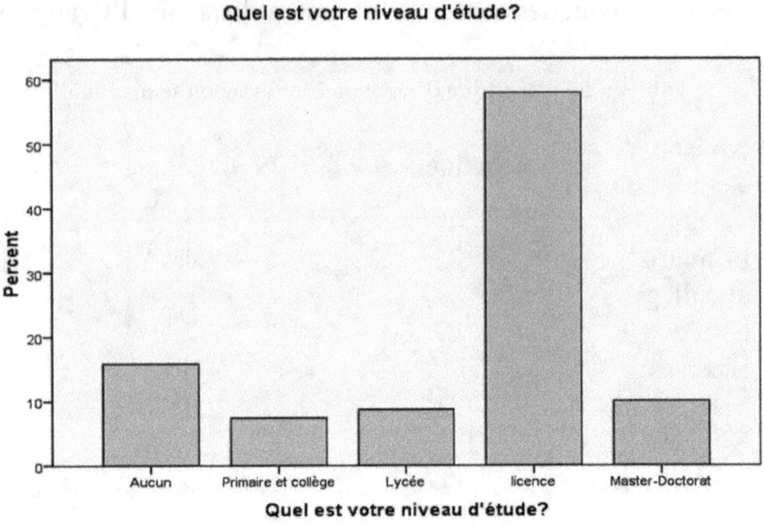

6. c.3) Conclusion

En conclusion, l'analyse des données de cette recherche indique clairement que l'hypothèse de cette recherche, selon laquelle les répondants sans aucun niveau d'études ont un niveau de confiance plus élevé est confirmée.

6.d) La confiance selon l'activité des répondants

Au début de cette recherche, nous avons émis une hypothèse selon laquelle le niveau de confiance dans les transactions monétaires sur téléphone mobile des répondants étudiants est plus élevé que ceux des travailleurs et des chômeurs. Dans le cadre de la vérification de cette hypothèse, nous avons collecté des données par questionnaire auprès de 309 répondants dans le district de Bamako. Le traitement de ces données donne des résultats que nous présentons ici. Mais, nous commençons en premier par la présentation de notre méthodologie d'analyse.

6.d.1) Les méthodes d'analyse

Dans cette analyse, l'échelle à cinq niveaux de Rensis Likert a été utilisée pour mesurer les niveaux de confiance dans les transactions monétaires sur téléphone mobile. Une note a été attribuée à chaque catégorie (+1 pour d'accord et tout à fait d'accord ; -1 pour pas tout à fait d'accord et pas d'accord du tout et 0 pour ni en désaccord, ni d'accord).

Les logiciels SPSS[138] et EXCEL[139] ont été utilisés pour analyser les données et présenter les résultats. Avec SPSS, nous avons croisé la variable activité avec les 26 items de la confiance pour obtenir les niveaux de confiance. Ces résultats ont été ensuite ressaisis sur une feuille de calcul Excel où des calculs complémentaires ont été effectués pour produire des résultats que nous présentons dans le paragraphe suivant.

6.d.2) Présentation des résultats

6.d.2.1) Résultats principaux

Dans cette recherche, les niveaux de confiance des répondants ont été comparés selon leurs activités. L'analyse des données révèle que les étudiants ont un niveau de confiance dans les transactions monétaires sur téléphone mobile plus élevé que les chômeurs et les travailleurs. On est donc en droit d'affirmer que l'activité influence la confiance.

6.d.2.1.1) Confiance dans les transactions monétaires sur téléphone mobile selon l'activité

Le tableau suivant issu de notre croisement de la variable activité avec les facettes de la confiance (bienveillance, intégrité, compétence, acceptation de la dépendance, volonté de suivre les conseils, disposition à donner les informations personnelles, intention de payer par téléphone)

[138] Logiciel d'analyse prédictive. Il est développé par la société IBM

[139] Logiciel tableur de la suite bureautique Microsoft Office. Il est édité par la société Microsoft

montre que les étudiants ont un niveau de confiance plus élevé que les chômeurs et les travailleurs.

Tableau 56 : Niveaux de confiance des pratiquants d'Orange Money par activité

Facettes	Chômeurs	Etudiants	Travailleurs du secteur public	Travailleurs du secteur privé
Bienveillance	141	49	140	167
Intégrité	83	-77	35	73
Compétence	472	442	450	480
Acceptaton de la dépendance	221	147	180	211
Volonté de suivre les conseils	269	230	230	298
Disposition à donner des informations personnelles	-42	-123	-20	13
Intention de payer par téléphone	300	299	290	287

La figure suivante issue de notre représentation graphique des données du tableau précédent montre que les étudiants ont un niveau de confiance plus élevé que les chômeurs et les travailleurs.

Figure 22: Niveaux de confiance des pratiquants d'Orange Money par activité

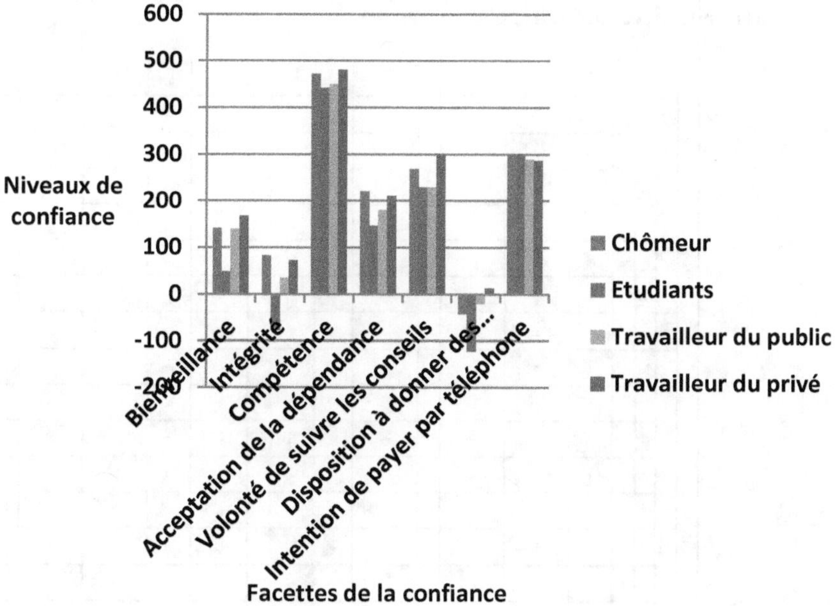

6.d.2.1.2) Croisement de la variable activité avec les facettes de la confiance (bienveillance, intégrité, compétence)

Le tableau ci-après issu de notre croisement de la variable activité avec les facettes de la confiance (bienveillance, intégrité, compétence) montre que les étudiants et les travailleurs ont des opinions négatives sur l'intégrité de la société Orange Mali (voir les parties encerclées du tableau).

Tableau 57 : Croisement de la variable activité avec les facettes de la confiance (Bienveillance, Intégrité, Compétence)

		HOMMES																							
N°	Facettes de la confiance	Chômeurs					N1	Etudiants					N2	Public					N3	Privé					N4	S
		[1]	[2]	[3]	[4]	[5]		[1]	[2]	[3]	[4]	[5]		[1]	[2]	[3]	[4]	[5]		[1]	[2]	[3]	[4]	[5]		
	Bienveillance																									
1	Orange Mali semble se sentir très concerné par mon bien-être	4	27	13	2	1	15	5	55	40	7	2	15	6	5	3	2	0	6	6	20	5	0	0	15	55
2	Mes besoins et mes désirs semblent être importants pour Orange Mali	3	28	13	2	1	15	4	50	35	7	2	19	6	5	3	2	0	6	4	23	6	1	0	20	61
3	Orange Mali semble vraiment chercher à savoir ce qui est important pour moi	1	29	14	3	0	13	5	57	39	9	1	14	5	5	3	2	0	6	4	22	7	1	0	18	51
	Intégrité																									
4	Orange Mali me semble faire des efforts pour être loyal dans les relations avec autrui	1	27	17	2	0	9	4	35	54	5	2	-31	2	7	7	0	0	2	5	19	10	0	0	14	-5
5	J'apprécie les valeurs d'Orange Mali	2	22	21	2	0		5	32	65	5	2	-35	5	2	9	0	0	-2	4	15	12	0	0	10	-27
6	Orange Mali semble être guidé par des principes sains	1	24	20	1	1	4	4	35	60	5	4	-23	4	1	10	0	1	-5	3	15	14	0	1	5	-19
	Compétences																									
7	Orange Mali paraît tout à fait capable de gérer les paiements mobiles	5	39	1	0	1	44	22	77	12	0	0	57	3	12	1	0	0	14	5	25	1	0	0	32	177
8	L'entreprise Orange Mali semble réussir ce qu'elle entreprend	5	41	0	0	0	47	20	52	5	0	1	94	2	14	0	0	0	15	7	27	0	0	0	34	191
9	Orange Mali semble avoir de solides connaissances pour conduire les paiements mobiles	7	40	0	0	0	47	22	51	7	0	1	95	2	13	0	0	1	15	9	24	1	0	0	32	190
10	Je fais confiance au savoir-faire d'Orange Mali pour les paiements mobiles	7	37	2	0	1	42	22	53	6	0	0	99	4	11	0	1	0	14	10	22	1	0	1	31	155
11	Orange Mali paraît être bien qualifiée dans le secteur de la téléphonie mobile	7	40	0	0	0	47	22	51	7	0	1	95	4	11	0	1	0	44	10	23	0	0	1	33	190

6.d.2.1.3) Croisement de la variable activité avec les facettes de la confiance (acceptation de la dépendance, volonté de suivre les conseils)

Le tableau suivant issu de notre croisement de la variable activité avec les facettes de la confiance (acceptation de la dépendance, volonté de suivre les conseils) montre que les répondants hommes ont confiance dans Orange Mali sur l'ensemble des propositions.

Tableau 58 : Croisement de la variable activité avec les facettes de la confiance (Acceptation de la dépendance, Volonté de suivre les conseils)

		HOMMES																								
N°	Facettes de la confiance	Chômeurs					N1	Etudiants					N2	Public					N3	Privé					N4	S
		[1]	[2]	[3]	[4]	[5]		[1]	[2]	[3]	[4]	[5]		[1]	[2]	[3]	[4]	[5]		[1]	[2]	[3]	[4]	[5]		
	Acceptation de la dépendance																									
12	Si un problème important survient avec mon mobile, je me sentirais bien en étant dépendant des services d'Orange Mali	4	29	5	5	1	20	5	67	22	9	5	41	4	6	3	2	1	5	4	21	9	0	0	15	52
13	Je pourrais toujours me reposer sur le service d'Orange Mali en cas de situation difficile avec mon mobile	3	29	9	5	1	15	4	65	22	9	5	41	4	6	3	2	1	5	3	22	8	0	1	17	81
14	Je pense que je pourrais compter sur l'aide des services d'Orange Mali en cas de problème crucial avec mon mobile	2	28	10	5	2	15	5	67	21	9	5	43	4	6	3	2	1	5	3	21	9	0	1	15	75
15	Si je rencontrais un problème sérieux avec mon mobile qui nécessiterait une aide, j'aimerais bien me reposer sur le service d'Orange Mali	2	30	10	4	1	15	7	55	22	6	5	43	3	7	3	2	1	5	5	15	10	0	1	13	79
	Volonté de suivre les conseils																									
16	Si j'avais un problème important avec mon mobile, je souhaiterais avoir les conseils des techniciens d'Orange Mali	4	33	6	2	2	29	11	71	21	5	3	55	3	9	4	0	0	5	7	24	3	0	0	25	121
17	Je me sentirais en confiance pour suivre les conseils donnés par les techniciens d'Orange Mali	3	35	4	2	2	33	9	72	20	5	5	55	2	10	4	0	0	5	5	25	1	1	1	29	126
18	Je n'hésiterais pas à me servir des conseils donnés par les techniciens d'Orange Mali	1	37	4	3	2	31	9	73	19	6	4	57	2	9	4	1	0	5	6	25	1	2	0	28	122
19	Je me sentirais en sécurité en suivant les conseils donnés par les techniciens d'Orange Mali	2	35	5	2	3	30	9	74	19	5	4	59	1	11	3	0	1	9	5	25	2	0	1	29	127

6.d.2.1.4) Croisement de la variable activité avec les facettes de la confiance (disposition à donner les informations personnelles, intention de payer par téléphone mobile)

Le tableau suivant issu du croisement de la variable activité avec les facettes de la confiance (disposition à donner les informations personnelles, intention de payer par téléphone mobile) montre que les étudiants, quels que soient leurs niveaux d'études se méfient de fournir leurs données personnelles à la société Orange Mali (voir les parties encerclées sur le tableau).

Tableau 59 : Croisement de la variable activité avec les facettes de la confiance (disposition à donner les informations personnelles, intention de payer par téléphone mobile)

		HOMMES																							
N°	Facettes de la confiance	Chômeurs					N1	Etudiants					N2	Public					N3	Privé					N4	S
		[1]	[2]	[3]	[4]	[5]		[1]	[2]	[3]	[4]	[5]		[1]	[2]	[3]	[4]	[5]		[1]	[2]	[3]	[4]	[5]		
	Disposition à donner des informations personnelles																									
20	Je serais d'accord pour communiquer des informations personnelles aux techniciens d'Orange Mali	2	15	25	2	1	-10	4	25	65	13	1	-52	4	3	7	2	0	-2	4	14	15	1	0	2	-52
21	Je serais d'accord pour donner le code PIN de mon mobile aux techniciens d'Orange Mali	2	11	29	4	1	-20	3	23	71	14	0	-59	3	1	9	2	1	-7	3	9	20	2	0	-10	-95
22	Je serais d'accord pour partager les spécificités de mon téléphone mobile avec les techniciens d'Orange	1	15	25	5	0	-15	4	37	57	11	2	-27	2	5	6	2	1	-1	2	14	15	3	0	-2	-45
23	Je serais d'accord pour autoriser les techniciens d'Orange à utiliser mon mobile pour m'aider à résoudre des problèmes	2	25	15	3	1	5	4	51	45	9	2	1	2	7	5	1	1	3	3	22	7	2	0	15	25
	Intention de payer par téléphone																									
24	Je souhaiterais payer ma facture par téléphone mobile	5	39	0	0	0	47	21	90	0	0	0	111	5	7	1	0	0	14	4	28	2	0	0	30	202
25	Je recommanderais le paiement mobile d'Orange à un ami	5	39	0	0	0	47	21	90	0	0	0	111	5	5	0	0	0	15	5	27	1	0	0	32	205
26	Je m'enregistrerais à Orange money	5	39	0	0	0	47	22	59	0	0	0	111	5	5	0	0	0	15	9	25	0	0	0	34	208

6.d.2.1.5) Croisement de la variable activité avec les facettes de la confiance (bienveillance, intégrité, compétence)

Le tableau suivant issu de notre croisement de la variable activité avec les facettes de la confiance (bienveillance, intégrité, compétence) montre que les étudiantes ont une représentation négative sur l'intégrité de la société Orange Mali (voir les parties encadrées sur le tableau).

Tableau 60 : Croisement de la variable activité avec les facettes de la confiance (bienveillance, intégrité, compétence)

		FEMMES																					
N°	Facettes de la confiance	Chômeurs					N1	Etudiantes					N2	Public					N3	Privé					N4	S
		[1]	[2]	[3]	[4]	[5]		[1]	[2]	[3]	[4]	[5]		[1]	[2]	[3]	[4]	[5]		[1]	[2]	[3]	[4]	[5]		
	Bienveillance																									
1	Orange Mali semble se sentir très concerné par mon bien-être	4	15	2	0	0	20	4	33	22	3	0	12	0	3	0	0	1	3	2	5	2	0	1	5	41
2	Mes besoins et mes désirs semblent être importants pour Orange Mali	3	17	0	2	2	15	4	33	22	3	0	12	0	4	0	0	0	4	2	7	2	0	0	7	41
3	Orange Mali semble vraiment chercher à savoir ce qui est important pour moi	2	15	3	0	1	17	3	34	22	3	0	12	0	3	0	0	1	3	2	5	2	0	1	6	38
	Intégrité																									
4	Orange Mali me semble faire des efforts pour être loyal dans les relations avec autrui	4	15	2	1	1	17	3	24	35	0	0	-5	1	3	0	0	0	4	3	4	4	0	0	3	16
5	J'apprécie les valeurs d'Orange Mali	6	12	5	0	1	13	3	17	42	0	0	-22	1	3	0	0	0	4	2	1	7	0	1	-4	-9
6	Orange Mali semble être guidé par des principes sains	3	16	3	0	2	15	3	21	38	0	0	-14	0	4	0	0	0	4	2	5	3	0	0	5	11
	Compétences																									
7	Orange Mali paraît tout à fait capable de gérer les paiements mobiles	3	15	0	0	3	21	7	52	3	0	0	55	0	4	0	0	0	4	1	9	0	0	1	10	91
8	L'entreprise Orange Mali semble réussir ce qu'elle entreprend	3	19	1	0	1	21	7	55	0	0	0	52	0	4	0	0	0	4	2	9	0	0	0	11	98
9	Orange Mali semble avoir de solides connaissances pour conduire les paiements mobiles	3	20	0	0	1	23	5	52	1	1	0	58	1	3	0	0	0	4	2	9	0	0	0	11	95
10	Je fais confiance au savoir-faire d'Orange Mali pour les paiements mobiles	5	17	0	0	2	22	5	52	1	1	0	58	0	3	1	0	0	2	2	9	0	0	0	11	93
11	Orange Mali paraît être bien qualifiée dans le secteur de la téléphonie mobile	4	15	1	0	1	21	5	52	1	1	0	58	0	3	0	0	0	3	2	9	0	0	0	11	93

6.d.2.1.6) Croisement de la variable activité avec les facettes de la confiance (acceptation de la dépendance, volonté de suivre les conseils)

Le tableau suivant issu de notre croisement de la variable activité avec les facettes de la confiance (acceptation de la dépendance, volonté de suivre les conseils) montre que les répondants ont des représentations positives sur l'ensemble des items proposés.

Tableau 61 : Croisement de la variable activité avec les facettes de la confiance (acceptation de la dépendance, volonté de suivre les conseils)

N°	Facettes de la confiance	FEMMES																								
		Chômeurs					N1	Etudiantes					N2	Public					N3	Privé					N4	S
		[1]	[2]	[3]	[4]	[5]		[1]	[2]	[3]	[4]	[5]		[1]	[2]	[3]	[4]	[5]		[1]	[2]	[3]	[4]	[5]		
	Acceptation de la dépendance																									
12	Si un problème important survient avec mon mobile, je me sentirais bien en étant dépendant des services d'Orange Mali	4	19	1	0	0	22	2	38	20	0	2	20	0	4	0	0	0	4	3	5	1	0	2	7	53
13	Je pourrais toujours me reposer sur le service d'Orange Mali en cas de situation difficile avec mon mobile	2	21	1	0	0	22	2	39	19	0	2	22	0	4	0	0	0	4	2	7	0	0	2	9	57
14	Je pense que je pourrais compter sur l'aide des services d'Orange Mali en cas de problème crucial avec mon mobile	3	20	1	0	0	22	2	39	19	0	2	22	1	3	0	0	0	4	1	5	0	0	2	9	57
15	Si je rencontrais un problème sérieux avec mon mobile qui nécessiterait une aide, j'aimerais bien me reposer sur le service d'Orange Mali	5	17	2	0	0	20	2	39	19	0	2	22	1	3	0	0	0	4	1	5	0	0	2	9	55
	Volonté de suivre les conseils																									
16	Si j'avais un problème important avec mon mobile, je souhaiterais avoir les conseils des techniciens d'Orange Mali	3	15	3	0	0	18	2	51	3	2	4	45	1	3	0	0	0	4	2	5	3	0	1	4	74
17	Je me sentirais en confiance pour suivre les conseils donnés par les techniciens d'Orange Mali	3	15	1	0	2	20	2	45	5	3	6	40	1	3	0	0	0	4	2	6	2	1	0	5	69
18	Je n'hésiterais pas à me servir des conseils donnés par les techniciens d'Orange Mali	2	17	1	2	2	16	2	47	2	3	5	44	0	3	0	0	1	3	2	6	2	0	1	6	69
19	Je me sentirais en sécurité en suivant les conseils donnés par les techniciens d'Orange Mali	2	15	3 1	2	14	2	44	6	2	5	35	0	4	0	0	0	0	4	3	5	2	1	0	5	51

6.d.2.1.7) Croisement de la variable activité avec les facettes de la confiance (disposition à donner les informations personnelles, intention de payer par téléphone mobile)

Le tableau suivant issu de notre croisement de la variable activité avec les facettes de la confiance (disposition à donner les informations personnelles, intention de payer par téléphone mobile) montre que les étudiantes et les travailleurs du secteur privé sont méfiants s'agissant de la communication de leurs données personnelles à Orange Mali (voir les parties encerclées du tableau).

Tableau 62 : Croisement de la variable activité avec les facettes de la confiance (disposition à donner les informations personnelles, intention de payer par téléphone mobile)

		FEMMES																								
°	Facettes de la confiance	Chômeurs					1	Etudiantes					2	Public					3	Privé					4	
		1]	2]	3]	4]	5]		1]	2]	3]	4]	5]		1]	2]	3]	4]	5]		1]	2]	3]	4]	5]		
	Disposition à donner des informations personnelles																									
0	Je serais d'accord pour communiquer des informations personnelles aux techniciens d'Orange Mali		0	5	3	2	0	3	2	1			31												1	0
1	Je serais d'accord pour donner le code PIN de mon mobile aux techniciens d'Orange Mali			2			10		2	3			33			4	0		4						5	52
2	Je serais d'accord pour partager les spécificités de mon téléphone mobile avec les techniciens d'Orange Mali		1	9	2	0	2	3	15	34			17													12
3	Je serais d'accord pour autoriser les techniciens d'Orange Mali à utiliser mon mobile pour m'aider à résoudre des problèmes	2	17	3	1	1	15	4	29	22																9
	Intention de payer par téléphone																									
4	Je souhaiterais payer ma facture par téléphone mobile		9	0			4		3				0												1	01
5	Je recommanderais le paiement mobile d'Orange Mali à un ami		9				4		4				2												1	01

6.d.2.2) Résultats secondaires

Le tableau ci-après issu de notre analyse des données collectées dans le cadre de la présente recherche montre que les étudiants sont les principaux utilisateurs de Orange Money avec un pourcentage d'utilisation de 56%.

Tableau 63: Pratique d'Orange Money selon l'activité

Activité	Fréquence	Pourcentage	Pourcentage cumulé
Chômeur	71	23,0	23,0
Etudiant	173	56,0	79,0
Travailleur dans le service public	20	6,5	85,4
Travailleur dans le secteur privé	45	14,6	100,0
Total	**309**	**100,0**	

La figure suivante issue de notre représentation graphique des données du tableau précédent montre que les étudiants sont en tête de l'utilisation d'Orange Money.

Figure 23: Pratique d'Orange Money selon l'activité

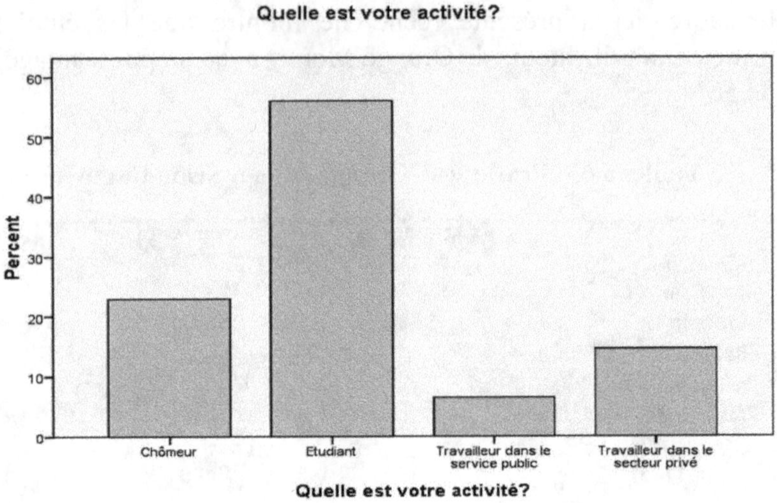

6. d.3) Conclusion

En conclusion, l'analyse des données de cette recherche indique clairement que l'hypothèse de cette recherche, selon laquelle les étudiants ont un niveau de confiance plus élevé que les chômeurs et les travailleurs est confirmée.

6.e) La confiance selon l'expérience des répondants dans l'usage des TIC

Au début de cette recherche, nous avons émis une hypothèse selon laquelle le niveau de confiance dans les transactions monétaires sur téléphone mobile des répondants avec aucune expérience d'utilisation des Technologies de l'Information et de la Communication (TIC) est plus élevé que celui des répondants expérimentés. Dans le cadre de la vérification de cette hypothèse, nous avons collecté des données par questionnaire auprès de 309 répondants dans le district de Bamako. Le traitement de ces données donne des résultats que nous présentons ici. Mais nous commençons en premier par la présentation de notre méthodologie d'analyse.

6.e.1) Les méthodes d'analyse

Dans cette analyse, l'échelle à cinq niveaux de Rensis Likert a été utilisée pour mesurer les niveaux de confiance dans les transactions monétaires sur téléphone mobile. Une note a été attribuée à chaque catégorie (+1 pour d'accord et tout à fait d'accord ; -1 pour pas tout à fait d'accord et pas d'accord du tout et 0 pour ni en désaccord, ni d'accord).

Les logiciels SPSS[140] et EXCEL[141] ont été utilisés pour analyser les données et présenter les résultats. Avec SPSS, nous avons croisé la variable Expérience des TIC avec les 26 items de la confiance pour obtenir les niveaux de confiance. Ces résultats ont été ensuite ressaisis sur une feuille de calcul Excel où des calculs complémentaires ont été effectués pour produire des résultats que nous présentons dans le paragraphe suivant.

6.e.2) Présentation des résultats

6.e.2.1) Résultats principaux

Dans cette recherche, les niveaux de confiance des répondants ont été comparés selon leurs expériences dans l'usage des Technologies de l'Information et de la Communication (TIC). L'analyse des données révèle que les répondants sans expérience des TICont un niveau de confiance plus élevé que les répondants expérimentés. On est donc en droit d'affirmer que l'expérience influence la confiance.

---

[140] Logiciel d'analyse prédictive. Il est développé par la société IBM

[141] Logiciel tableur de la suite bureautique Microsoft Office. Il est édité par la société Microsoft

6.e.2.1.1) Confiance des répondants expérimentés dans l'usage des TIC

Le tableau suivant issu de notre croisement de la variable expérience des TIC avec les facettes de la confiance (bienveillance, intégrité, compétence, acceptation de la dépendance, volonté de suivre les conseils, disposition à donner les informations personnelles, intention de payer par téléphone mobile) montre les niveaux de confiance des répondants expérimentés en TIC.

Tableau 64 : Niveaux de confiance des pratiquants d'Orange Money expérimentés en TIC

Facettes	Utilisation de logiciel	Installation de logiciel	Utilisation d'ordinateur	Utilisation de CD	Utilisation de MP3
Bienveillancee	45	172	56	116	3
Intégrité	-69	67	-80	8	1
Compétence	435	422	468	464	2
Acceptation de la dépendance	150	222	138	206	11
Volonté de suivre les conseils	232	228	241	261	18
Disposition à donner les informations personnelle	-132	-28	-114	-61	2
Intention de payer par *téléphone mobile*	295	300	299	298	0

La figure suivante issue de notre représentation graphique des données du tableau précédent montre les niveaux de confiance des répondants expérimentés dans l'usage des TIC.

Figure 24: Niveaux de confiance des pratiquants d'Orange Money expérimentés en TIC

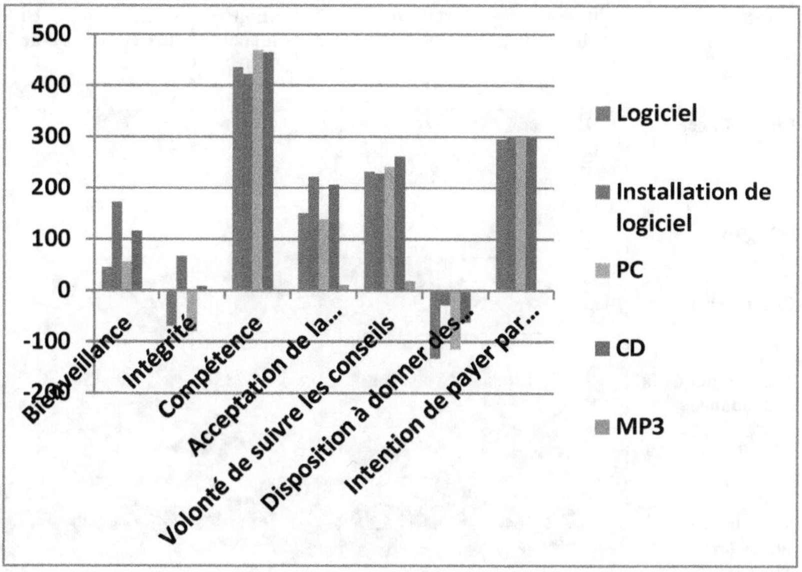

6.e.2.1.2) Confiance des répondants sans expérience des TIC

Le tableau suivant issu de notre croisement de la variable expérience des TIC avec les facettes de la confiance (bienveillance, intégrité, compétence, volonté de suivre les conseils, acceptation de la dépendance, disposition à donner les informations personnelles, intention de payer par téléphone mobile) montre les niveaux de confiance des répondants sans expérience TIC.

Tableau 65 : Niveaux de confiance des pratiquants d'Orange Money n'ayant pas d'expérience des TIC

Facettes	Utilisation de logiciel	Installation de logiciel	Utilisation d'ordinateur	Utilisation de CD	Utilisation de MP3
Bienveillance	136	88	149	77	53
Intégrité	42	-15	93	-24	-64
Compétence	472	457	471	392	435
Acceptation de la dépendance	198	173	233	154	136
Volonté de suivre les conseils	264	250	261	240	229
Disposition à donner les informations personnelles	-29	-81	-23	-89	-119
Intention de payer par *téléphone mobile*	299	297	293	296	294

La figure suivante issue de notre représentation graphique des données du tableau précédent montre les niveaux de confiance des utilisateurs de Orange Money sous forme d'histogramme.

Figure 25 : Les niveaux de confiance des pratiquants d'Orange Money n'ayant pas d'expérience des TIC

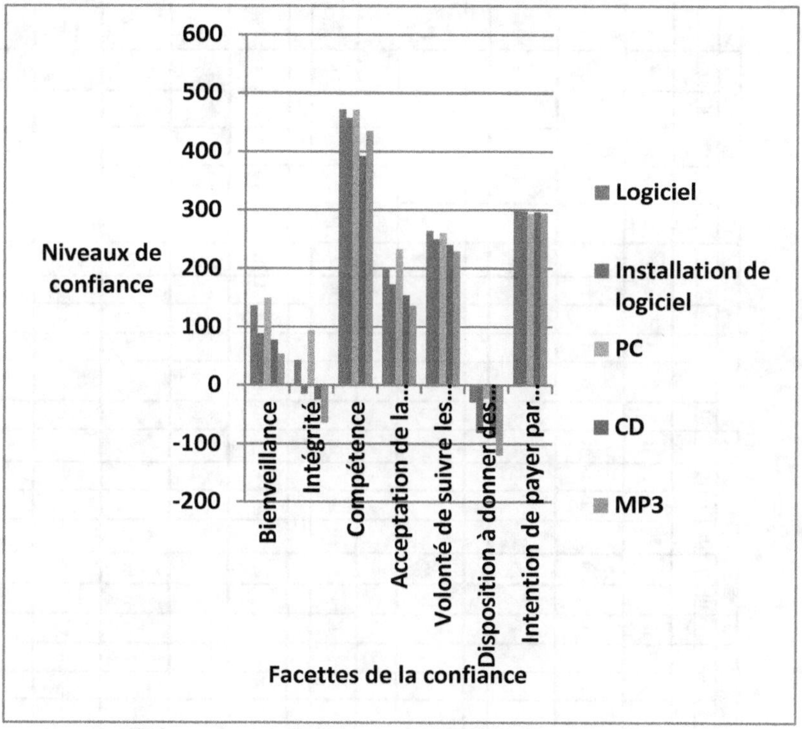

6.e.2.1.3) Croisement de la variable expérience des TIC avec les facettes de la confiance (bienveillance, intégrité, compétence)

Le tableau suivant issu de notre croisement de la variable expérience des TIC avec les facettes de la confiance (bienveillance, intégrité, compétence) montre que les répondants expérimentés se méfient de la société Orange Mali s'agissant de son intégrité (voir les parties encerclées du tableau).

Tableau 66 : Croisement de la variable expérience des TIC avec les facettes de la confiance (bienveillance, intégrité, compétence)

N°	Facettes de la confiance	OUI																													
		Util.Logiciels					N1	Inst. Logiciels					N2	PC					N3	CD					N4	MP3					N5
		[1]	[2]	[3]	[4]	[5]		[1]	[2]	[3]	[4]	[5]		[1]	[2]	[3]	[4]	[5]		[1]	[2]	[3]	[4]	[5]		[1]	[2]	[3]	[4]	[5]	
	Bienveillance																														
1	Orange Mali semble se sentir très concerné par mon bien être	16	66	52	10	2	20	4	11	2	1	0	12	7	102	64	11	2	34	5	81	35	3	2	47	12	109	45	3	2	72
2	Mes besoins et mes désirs semblent être importants pour Orange Mali	13	71	49	11	2	24	3	11	2	1	1	11	5	104	52	11	3	37	5	83	34	3	2	51	9	114	44	3	2	76
3	Orange Mali semble vraiment chercher à savoir ce qui est important pour moi	10	72	50	11	3	21	4	9	3	2	0	5	6	103	64	12	1	33	5	53	35	4	0	49	5	110	47	5	2	65
	Intégrité																														
4	Orange Mali me semble faire des efforts pour être loyal dans les relations avec autrui	11	50	75	6	1	-23	1	10	6	0	1	5	5	69	105	6	1	-37	6	55	53	2	0	17	13	90	65	4	0	34
5	J'apprécie les valeurs d'Orange Mali	15	35	55	5	1	-41	3	9	6	0	0	6	5	53	118	7	3	-57	6	49	59	2	1	-15	11	73	54	3	1	-3
6	Orange Mali semble être guidé par des principes sains	10	42	54	5	5	-37	2	5	7	0	3	1	4	55	109	5	2	-44	5	63	58	1	0	9	10	55	72	2	0	24
	Compétences																														
7	Orange paraît tout à fait capable de gérer les paiements mobiles	25	103	14	0	3	115	3	14	1	0	0	15	27	142	16	0	1	153	15	104	7	0	1	112	20	144	7	0	1	157
8	L'entreprise Orange Mali semble réussir ce qu'elle entreprend	25	115	6	0	0	134	1	15	1	0	1	15	15	152	7	0	1	171	14	110	2	0	1	122	20	149	2	0	1	167
9	Orange semble avoir de solides connaissances pour conduire les paiements mobiles	29	109	7	1	0	130	1	15	0	0	2	15	25	150	8	1	1	157	14	108	3	1	1	115	23	144	3	1	1	153
10	Je fais confiance au savoir-faire d'Orange Mali pour les paiements mobiles	29	105	5	1	3	125	4	13	0	1	0	15	72	149	5	1	1	212	15	107	3	1	1	118	25	140	5	1	1	159
11	Orange Mali paraît être qualifié dans le secteur de la téléphonie mobile	31	105	5	1	2	131	2	13	1	1	1	13	28	149	5	1	0	168	16	16 17	3	1	0	119	23	114	3	1	0	163

6.e.2.1.4) Croisement de la variable expérience des TIC avec les facettes de la confiance (acceptation de la dépendance, volonté de suivre les conseils)

Le tableau suivant issu de notre croisement de la variable expérience des TIC avec les facettes de la confiance (acceptation de la dépendance, volonté de suivre les conseils) montre que les répondants expérimentés dans l'usage des TIC ont des représentations positives d'Orange Mali concernant les facettes proposées.

Tableau 67 : Croisement de la variable expérience dans l'usage des TIC avec les facettes de la confiance (acceptation de la dépendance, volonté de suivre les conseils)

		OUI											
N°	Facettes de la confiance	Util.Logiciels					N1	Inst. Logiciels					N2
		[1]	[2]	[3]	[4]	[5]		[1]	[2]	[3]	[4]	[5]	
	Acceptation de la dépendance												
12	Si un problème important survient avec mon mobile, je me sentirais bien en étant dépendant des services d'Orange Mali	15	52	36	6	7	55	1	13	2	1	1	11
13	Je pourrais toujours me reposer sur le service d'Orange Mali en cas de situation difficile avec mon mobile	12	55	35	6	7	57	1	13	2	1	1	11
14	Je pense que je pourrais compter sur l'aide des services d'Orange Mali en cas de problème crucial avec mon mobile	13	53	35	5	5	54	3	10	3	1	1	9
15	Si je rencontrais un problème sérieux avec mon mobile qui nécessiterait une aide, j'aimerais bien me reposer sur le service d'Orange	13	53	35	5	7	53	2	11	3	1	1	9
	Volonté de suivre les conseils												
16	Si j'avais un problème important avec mon mobile, je souhaiterais avoir les conseils des techniciens d'Orange Mali	15	101	17	5	5	97	2	13	2	0	1	13
17	Je me sentirais en confiance pour suivre les conseils donnés par les techniciens d'Orange Mali	15	97	17	7	10	55	0	13	3	0	2	10
18	Je n'hésiterais pas à me servir des conseils donnés par les techniciens d'Orange Mali	11	95	17	12	11	77	0	11	4	1	2	6
19	Je me sentirais en sécurité en suivant les conseils donnés par les techniciens d'Orange Mali	10	94	22	6	14	76	0	14	2	0	2	12

		OUI																	
N°	Facettes de la confiance	PC					N3	CD					N4	MP3					N5
		[1]	[2]	[3]	[4]	[5]		[1]	[2]	[3]	[4]	[5]		[1]	[2]	[3]	[4]	[5]	
	Acceptation de la dépendance																		
12	Si un problème important survient avec mon mobile, je me sentirais bien en étant dépendant des services d'Orange Mali	4	117	47	5	10	66	1	95	27	3	1	55	9	120	32	7	4	90
13	Je pourrais toujours me reposer sur le service d'Orange Mali en cas de situation difficile avec mon mobile	5	117	45	5	10	55	1	95	25	3	2	69	6	124	30	7	5	93
14	Je pense que je pourrais compter sur l'aide des services d'Orange Mali en cas de problème crucial avec mon mobile	5	114	49	5	10	52	2	93	27	3	2	65	7	120	33	7	5	57
15	Si je rencontrais un problème sérieux avec mon mobile qui nécessiterait une aide, j'aimerais bien me reposer sur le service d'Orange	6	112	51	7	10	60	3	90	29	3	2	51	11	115	35	6	5	55
	Volonté de suivre les conseils																		
16	Si j'avais un problème important avec mon mobile, je souhaiterais avoir les conseils des techniciens d'Orange Mali	8	136	28	7	7	109	4	93	23	2	5	72	12	123	27	4	6	104
17	Je me sentirais en confiance pour suivre les conseils donnés par les techniciens d'Orange Mali	8	135	25	5	9	111	5	99	14	3	5	57	12	129	19	5	7	117
18	Je n'hésiterais pas à me servir des conseils donnés par les techniciens d'Orange Mali	8	138	21	7	12	115	5	101	11	2	5	93	11	132	15	4	10	124
19	Je me sentirais en sécurité en suivant les conseils donnés par les techniciens d'Orange Mali	9	134	26	7	10	110	5	94	15	2	7	80	12	125	23	4	5	110

6.e.2.1.5) Croisement de la variable expérience avec les facettes de la confiance (disposition à donner les informations personnelles, intention de payer par téléphone mobile)

Le tableau suivant issu de notre croisement de la variable expérience avec les facettes de la confiance (disposition à donner les informations personnelles, intention de payer par téléphone mobile) montre que les répondants expérimentés dans l'usage des TIC sont réticents à fournir leurs données personnelles à la société Orange Mali (voir les parties encerclées du tableau).

Tableau 68 : Croisement de la variable expérience dans l'usage des TIC avec les facettes de la confiance (disposition à donner les informations personnelles, intention de payer par téléphone)

N°	Facettes de la confiance	OUI																													
		UtiLLogiciels					N1	Inst. Logiciels					N2	PC					N3	CD					N4	MP3					N5
		[1]	[2]	[3]	[4]	[5]		[1]	[2]	[3]	[4]	[5]		[1]	[2]	[3]	[4]	[5]		[1]	[2]	[3]	[4]	[5]		[1]	[2]	[3]	[4]	[5]	
	Disposition à donner des informations personnelles																														
20	Je serais d'accord pour communiquer des informations personnelles aux techniciens d'Orange Mali	11	25	59	17	4	-70	1	7	7	3	0	-2	7	41	120	17	1	-59	4	41	73	9	0	-37	7	51	90	14	0	-35
21	Je serais d'accord pour donner le code PIN de mon mobile aux techniciens d'Orange Mali	9	21	94	21	1	-55	0	4	5	5	1	-9	7	35	127	15	1	-101	3	28	57	9	0	-55	7	40	110	15	0	-78
22	Je serais d'accord pour partager les spécificités de mon téléphone mobile avec les techniciens d'Orange Mali	9	42	72	19	4	-40	0	9	5	4	0	0	7	64	98	14	3	-41	5	50	64	7	1	-15	5	71	82	12	1	-17
23	Je serais d'accord pour autoriser les techniciens d'Orange Mali à utiliser mon mobile pour m'aider à résoudre des problèmes	9	62	53	15	6	2	0	12	4	2	0	5	9	92	69	13	3	19	4	79	37	6	1	40	7	105	48	10	2	54
	Intention de payer par téléphone																														
24	Je souhaiterais payer ma facture par téléphone mobile	30	113	2	1	0	140	5	12	0	0	0	18	29	115	0	1	0	154	10	115	1	0	0	125	17	154	1	0	0	170
25	Je recommanderais le paiement mobile d'Orange Mali à un ami	34	111	1	0	0	144	5	12	0	0	0	15	25	155	0	0	0	155	5	119	0	0	0	127	17	155	0	0	0	172
26	Je m'enregistrerais à Orange Money	37	109	0	0	0	145	5	13	0	0	0	15	30	156	0	0	0	155	10	117	0	0	0	127	19	153	0	0	0	172

6.e.2.1.6) Croisement de la variable expérience dans l'usage des TIC avec les facettes de la confance (bienveillance, intégrité, compétence)

Le tableau suivant issu de notre croisement de la variable expérience TIC avec les facettes de la confiance (bienveillance, intégrité, compétence) montre que les répondants non expérimentés se méfient de la société Orange Mali s'agissant de son intégrité (voir les parties encerclées du tableau).

Tableau 69 : Croisement de la variable expérience dans l'usage des TIC avec les facettes de la confiance (bienveillance, intégrité, compétence)

N°	Facettes de la confiance	NON																													
		Util.Logiciels					N1	Inst. Logiciels					N2	PC					N3	CD					N4	MP3					N5
		[1]	[2]	[3]	[4]	[5]		[1]	[2]	[3]	[4]	[5]		[1]	[2]	[3]	[4]	[5]		[1]	[2]	[3]	[4]	[5]		[1]	[2]	[3]	[4]	[5]	
	Bienveillance																														
1	Orange Mali semble se sentir très concerné par mon bien-être	15	102	35	4	3	75	28	157	55	13	5	84	25	55	25	3	3	52	27	57	54	11	3	49	20	59	44	11	3	24
2	Mes besoins et mes désirs semblent être importants pour Orange Mali	13	105	37	4	3	75	23	155	54	14	4	91	20	73	24	4	2	55	21	94	52	12	3	51	17	53	42	12	3	25
3	Orange Mali semble vraiment chercher à savoir ce qui est important pour moi	13	102	40	7	1	55	19	155	57	15	4	51	17	71	26	6	3	56	18	91	55	14	4	40	15	54	43	13	2	23
	Intégrité																														
4	Orange Mali me semble le faire des efforts pour être loyal dans les relations avec autrui	12	55	51	3	2	33	22	125	133	9	2	5	15	55	34	3	2	47	17	69	56	7	3	-7	10	45	74	5	3	-24
5	J'apprécie les valeurs d'Orange Mali	12	71	74	3	3	5	25	98	155	5	4	-41	23	54	44	1	1	32	22	58	93	6	3	-19	17	34	78	5	3	-32
6	Orange Mali semble être guidé par des principes sains	10	54	54	1	4	29	15	120	141	5	5	-9	15	50	39	1	7	35	15	53	90	5	9	-17	10	38	75	4	9	-32
	Compétences																														
7	Orange paraît tout à fait capable de gérer les paiements mobiles	24	133	4	0	2	153	47	222	17	0	5	252	23	94	2	0	4	115	35	132	110	4		53	30	92	11	0	4	111
8	L'entreprise Orange Mali semble réussir ce qu'elle entreprend	22	135	3	0	2	155	45	235	5	0	1	274	21	99	2	0	1	118	33	141	7	0	1	167	27	102	7	0	1	122
9	Orange Mali semble avoir de solides connaissances pour conduire les paiements mobiles	25	133	2	0	3	156	53	227	9	1	1	270	28	92	1	0	2	119	40	134	6	0	2	168	31	98	5	0	2	123
10	Je fais confiance au savoir-faire d'Orange pour les paiements mobiles	29	129	3	1	1	154	54	221	11	1	4	253	31	85	3	1	3	112	43	127	8	1	3	161	33	94	6	1	3	120
11	Orange Mali paraît être bien qualifié dans le secteur de la téléphonie mobile	26	131	4	1	1	152	55	224	8	1	2	270	29	88	1	1	3	115	41	130	6	1	3	164	34	93	5	1	3	120

6.e.2.1.7) Croisement de la variable expérience dans l'usage des TIC avec les facettes de la confiance (acceptation de la dépendance, volonté de suivre les conseils)

Le tableau suivant issu de notre croisement de la variable expérience dans les TIC avec les facettes de la confiance (acceptation de la dépendance, volonté de suivre les conseils) montre que les répondants avec aucune expérience des TIC ont des niveaux de confiance élevés sur les facettes proposées.

Tableau 70 : Croisement de la variable expérience dans les TIC avec les facettes de la confiance (acceptation de la dépendance, volonté de suivre les conseils

N°	Facettes de la confiance	NON																													
		Util.Logiciels					N1	Inst. Logiciels					N2	PC					N3	CD					N4	MP3					N5
		[1]	[2]	[3]	[4]	[5]		[1]	[2]	[3]	[4]	[5]		[1]	[2]	[3]	[4]	[5]		[1]	[2]	[3]	[4]	[5]		[1]	[2]	[3]	[4]	[5]	
	Acceptation de la dépendance																														
12	Si un problème important survient avec mon mobile, je me sentirais bien en étant dépendant des services d'Orange Mali	11	107	28	10	7	80	25	175	52	15	13	124	22	72	17	8	4	59	25	94	37	13	13	69	17	69	32	9	10	45
13	Je pourrais toujours me reposer sur le service d'Orange Mali en cas de situation difficile avec mon mobile	8	110	27	10	5	51	19	183	60	15	14	127	15	79	15	5	5	70	19	100	37	13	13	59	14	72	32	9	10	45
14	Je pense que je pourrais compter sur l'aide des services d'Orange Mali en cas de problème crucial avec mon mobile	9	109	27	10	5	51	19	152	60	15	15	126	17	75	14	5	6	73	20	99	36	13	14	70	15	72	30	9	11	48
15	Si je rencontrais un problème sérieux avec mon mobile qui nécessiterait une aide, j'aimerais bien me reposer sur le service d'Orange Mali	13	105	28	9	5	81	24	177	63	13	14	125	20	76	15	7	5	74	23	98	37	11	13	73	15	73	31	8	10	49
	Volonté de suivre les conseils																														
16	Si j'avais un problème important avec mon mobile, je souhaiterais avoir les conseils des techniciens d'Orange Mali	15	113	25	4	5	96	31	201	41	9	9	182	25	78	15	2	3	55	29	121	20	7	5	123	21	91	15	5	4	91
17	Je me sentirais en confiance pour suivre les conseils donnés par les techniciens d'Orange Mali	13	119	20	5	6	107	25	203	34	12	14	155	20	50	12	4	7	84	23	117	23	9	10	108	15	87	15	7	9	78
18	Je n'hésiterais pas à me servir des conseils donnés par les techniciens d'Orange Mali	12	122	16	5	7	113	24	205	29	15	15	155	15	79	12	10	6	73	19	116	22	15	10	98	13	85	18	13	8	67
19	Je me sentirais en sécurité en suivant les conseils donnés par les techniciens d'Orange Mali	14	121	18	5	5	112	24	201	38	11	17	175	15	51	14	4	9	78	18	121	22	9	12	108	12	90	17	7	11	78

6.e.2.1.8) Croisement de la variable expérience dans les TIC avec les facettes de la confiance (disposition à donner les informations personnelles, intention de payer par téléphone mobile)

Le tableau suivant issu de notre croisement de la variable expérience dans les TIC avec les facettes de la confiance (disposition à donner les informations personnelles, intention de payer par téléphone mobile) montre que l'ensemble des répondants non expérimentés se méfient de fournir leurs données personnelles à la société Orange Mali (voir les parties encerclées du tableau).

Tableau 71 : Croisement de la variable expérience dans les TIC avec les facettes de la confiance (disposition à donner des informations personnelles, intention de payer par téléphone mobile)

N°	Facettes de la confiance	NON																											
		Util.Logiciels					N1	Inst. Logiciels					N2	PC					N3	CD					N4	MP3					N5
		[1]	[2]	[3]	[4]	[5]		[1]	[2]	[3]	[4]	[5]		[1]	[2]	[3]	[4]	[5]		[1]	[2]	[3]	[4]	[5]		[1]	[2]	[3]	[4]	[5]	
20	**Disposition à donner des informations personnelles** Je serais d'accord pour communiquer des informations personnelles aux techniciens d'Orange Mali	9	61	51	11	1	-22	19	79	153	25	5	-90	13	45	50	11	4	-3	15	45	97	19	5	-55	13	25	80	14	5	-55
21	Je serais d'accord pour donner le code PIN de mon mobile aux techniciens d'Orange Mali	7	42	100	12	2	-53	15	59	155	25	2	-139	9	28	67	17	2	-47	13	35	107	24	3	-53	9	23	54	15	3	-70
22	Je serais d'accord pour partager les spécificités de mon téléphone mobile avec les techniciens d'Orange Mali	5	64	50	9	2	-17	17	97	147	24	5	-57	10	42	54	14	3	-15	12	56	55	21	5	-41	11	35	70	15	5	-40
23	Je serais d'accord pour autoriser les techniciens d'Orange à utiliser mon mobile pour m'aider à résoudre des problèmes	11	97	47	6	2	55	20	147	95	20	8	51	11	67	31	9	5	38	15	80	63	15	7	17	13	54	52	12	5	3
24	**Intention de payer par téléphone** Je souhaiterais payer ma facture par téléphone mobile	25	134	1	0	0	151	52	235	3	1	0	253	29	91	3	0	0	117	45	131	2	1	0	175	41	93	2	1	0	131
25	Je recommanderais le paiement mobile d'Orange Mali à un ami	27	135	0	0	0	163	55	235	1	0	0	259	33	59	1	0	0	121	53	125	1	0	0	180	44	92	1	0	0	135
26	Je m'enregistrerais à Orange Money	29	134	0	0	0	163	61	230	0	0	0	291	35	57	0	0	0	123	56	126	0	0	0	152	47	90	0	0	0	137

6.e.2.2) Résultats secondaires

Le tableau suivant issu de notre analyse des données montre que les répondants avec aucune expérience des TIC utilisent plus Orange Money (53%) que ceux avec une expérience des TIC (47%).

Tableau 72: Pratique de Orange Money selon l'expérience TIC

Expériences	Fréquence	Pourcentage	Pourcentage cumulé
Oui	146	47,2	47,2
Non	163	52,8	100,0
Total	309	100,0	

La figure suivante issue de notre représentation graphique des données du tableau précédent montre que le niveau de pratique d'Orange Money des répondants avec aucune expérience est plus élevé que celui des répondants expérimentés en TIC.

Figure 26: Pratique d'Orange Money selon l'expérience des TIC

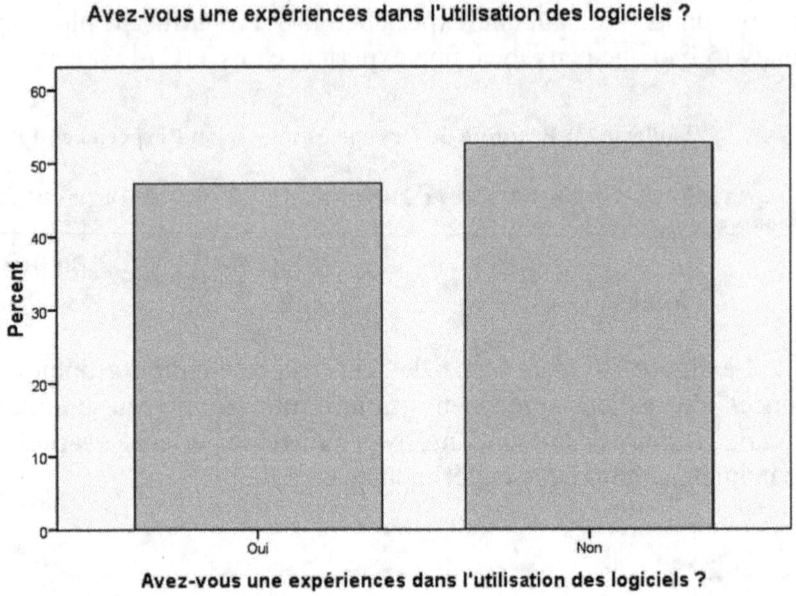

6. e.3) Conclusion

En conclusion, l'analyse des données de cette recherche indique clairement que l'hypothèse de cette recherche, selon laquelle les répondants sans aucune expérience des TIC ont un niveau de confiance plus élevé est confirmée.

CHAPITRE VII

INTERPRÉTATION DES RÉSULTATS DE L'ENQUÊTE

L'objectif visé ici est de discuter les résultats de la présente recherche qui confirment ou infirment les hypothèses émises au départ de ce travail.

7.a) Discussion des résultats

Les six principales hypothèses émises dans le cadre de cette recherche et validées dans le chapitre précédent sont discutées ici. Elles présentent des écarts de confiance entre les groupes étudiés dont les explications nous conduisent à mener nos discussions à l'aune des sources de la confiance présentées dans la première partie de ce travail. La discussion est organisée de la manière suivante. D'abord, nous ouvrons les échanges par notre débat sur la justification de l'écart de confiance observé dans les transactions monétaires sur téléphone mobile entre les femmes et les hommes. Puis, nous poursuivons successivement sur les écarts de confiance relevés entre les tranches d'âges, entre les niveaux d'études, entre les activités et entre l'expérience des TIC des participants à l'enquête de la présente étude.

7.a.1) Écart de confiance entre les femmes et les hommes

L'analyse des données révèle que les femmes font plus confiance dans l'utilisation d'Orange Money que les hommes, ce qui confirme la première hypothèse de la présente recherche. Plusieurs raisons pourraient expliquer cet écart de confiance entre les femmes et les hommes. D'abord, le déséquilibre entre l'effectif total des hommes et celui des femmes. En effet, ils sont 208 hommes à prendre part à l'enquête contre seulement 101 femmes. Cette différence est-elle en faveur des femmes ? Nous ne pouvons malheureusement pas répondre à cette question à ce stade de notre travail.

Puis, une autre raison majeure qui pourrait expliquer l'écart précité se trouve au niveau du volume des échanges passés des répondants avec Orange Mali. Rappelons ici très sommairement que selon la littérature sur la confiance présentée dans le premier chapitre de ce travail, les échanges passés ou attendus constituent une source directe de la confiance. Les femmes ont-elles échangé plus avec Orange Mali que les hommes ? Nous ne pouvons malheureusement pas répondre à cette question car la présente étude n'a pas collecté des données auprès des participants à son enquête sur cette question. Selon les résultats d'une étude empirique conduite au Kenya par Isaac Mbiti et David N. Weil présentée dans la première partie de ce travail, les hommes (42.5%) pratiquent plus « M-Pesa » que les femmes (35.5%). Les résultats secondaires de la présente recherche présentés dans le chapitre précédent abondent dans le même sens avec des taux d'utilisation d'Orange Money de 67% et 33% respectivement pour les hommes et les femmes.

En conclusion, les résultats de la présente recherche selon laquelle les femmes ont plus confiance dans les transactions monétaires sur téléphone mobile sont à prendre avec beaucoup de prudence. Une enquête complémentaire devrait être conduite pour apporter davantage d'informations sur les volumes des échanges passés par les répondants avec Orange Mali.

7. a.2) Écart de confiance entre les tranches d'âges

L'analyse des données révèle que les répondants dont l'âge est compris entre 33 ans et 44 ans ont plus confiance dans Orange Money que les quatre autres groupes d'âges étudiés (18-32 ans, 45-54 ans, 55-63 ans et 63 ans et plus), ce qui confirme la deuxième hypothèse de la présente recherche.

Cet écart, si on se réfère aux sources de la confiance, s'explique par le volume des échanges passés entre les pratiquants d'Orange Money et la société Orange Mali. Selon les résultats d'une enquête conduite au Kenya en 2011 par Isaac Mbiti et David N. Weil, 42,4% des utilisateurs de « M-Pesa » sont âgés de moins de 55 ans contre 20,2% seulement pour les pratiquants de plus de 55 ans. Une autre raison est que la génération X (en partie de 33 et 44 ans) a plus confiance dans le « M-Banking » parce qu'elle a des revenus à transférer par ce dispositif et qu'elle l'utilise couramment.

7. a.3) Écart de confiance entre les niveaux d'études

L'analyse des données révèle que les répondants sans aucun niveau d'études font plus confiance dans les transactions monétaires sur téléphone mobile, ce qui confirme la troisième hypothèse de la présente étude.

Cet écart de confiance pourrait s'expliquer par les échanges passés entre les répondants et la société Orange Mali. Comme nous l'avons vu plus haut, les échanges passés ou entretenus entre les parties en relation sont une source de confiance. Or, selon les résultats secondaires de la présente recherche présentés dans le chapitre précédent, les répondants éduqués sont les plus gros utilisateurs des services Orange Money. Ici, l'expérience favorise plutôt la méfiance que la confiance. En conclusion, les écarts de confiance révélés ici sont à prendre avec beaucoup de précaution sur le plan de leur généralisation.

7.a.4) Écart de confiance entre les activités

L'analyse des données révèle que les étudiants font plus confiance dans les transactions monétaires par téléphone mobile que les chômeurs et les travailleurs, ce qui confirme la quatrième hypothèse de la présente étude. Cet écart s'explique par le nombre des échanges passés entre les parties en relation. Les résultats secondaires présentés dans le chapitre précédent de la présente étude montrent que les étudiants sont les plus gros utilisateurs d'Orange Money.

7. a.5) Écart de confiance entre les expériences

L'analyse des données révèle que les utilisateurs sans aucune expérience des TIC font plus confiance dans les transactions monétaires sur téléphone mobile, ce qui confirme la cinquième hypothèse de la présente étude. Cet écart s'explique par le volume des échanges passés par les répondants avec Orange Mali dans le cadre de l'utilisation d'Orange Money. Selon les résultats secondaires de la présente étude, présentés dans le chapitre précédent, les répondants sans aucune expérience des TIC ont plus confiance dans Orange Money que ceux avec une expérience des TIC.

7. a.6) Méfiance des répondants sur la fourniture des données à caractère personnel

L'analyse des données révèle que les répondants sont réticents à fournir leurs données personnelles à Orange Mali, ce qui confirme la sixième hypothèse de la présente recherche. Selon les résultats d'une enquête[142] réalisée via Internet auprès de 2315 individus âgés de 15 ans et plus et relative à la confiance pour la sécurisation des informations sur leur mobile, l'opérateur de télécommunications vient en dernière position avec 16%, loin derrière la Commission Nationale Informatique et Libertés avec 32% et les fabricants de téléphone avec 18%.

---

[142]http://www.cnil.fr/fileadmin/documents/La_CNIL/publications/DEIP/CNIL-Etude-Smartphones-2011.pdf

[142]http://www.cnil.fr/fileadmin/documents/La_CNIL/publications/DEIP/CNIL-Etude-Smartphones-2011.pdf

7.b) Critique

La présente étude n'a pas une portée très générale puisque les 309 répondants n'ont pas été choisis au hasard. En outre, nous constatons qu'il n'y a aucun participant âgé de plus de 54 ans dans l'échantillon. Cet écart de confiance observé dans l'ensemble de la population existe-t-il chez les plus vieux ? Nous ne pouvons malheureusement répondre à cette question.

7.c) Portée des résultats

Il semble évident que le niveau de confiance des femmes est plus élevé que celui des hommes dans le district de Bamako. Cet écart entre les femmes et les hommes existe-t-il dans les autres régions du Mali ?

7.d) Conclusion

En conclusion, les résultats de la présente étude montrent clairement que le niveau de confiance dans les transactions monétaires sur téléphone mobile varie selon les variables sociodémographiques (genre, âge, niveau d'études, activité et expérience), ce qui confirme l'hypothèse de la présente recherche.

TROISIÈME PARTIE

LA CONFIANCE DANS LA MONNAIE ÉLECTRONIQUE ET SES USAGES PAR LES POPULATIONS DES PAYS MEMBRES DE L'UNION ÉCONOMIQUE ET MONÉTAIRE OUEST AFRICAINE (UEMOA)

Cette troisième partie de ce travail est focalisée sur la mise en perspective des principaux résultats de la présente recherche par la mobilisation des travaux théoriques sur les Technologies de l'Information et de la Communication (TIC). Aussi, elle comporte des indicateurs à approfondir et des préconisations. Elle est articulée autour de trois principaux chapitres que nous introduisons très sommairement dans les trois paragraphes suivants.

Le premier chapitre est consacré à la mise en perspective des résultats de la présente recherche. Il commence par le tableau de vérification des principales hypothèses émises au départ de ce travail.

Il ressort de notre analyse présentée dans la deuxième partie de ce travail que les variables activité et expérience des TIC peuvent être davantage étudiées. Le second chapitre est focalisé sur la présentation des indicateurs à approfondir issus de ces deux variables.

Le troisième chapitre concerne l'ensemble de nos recommandations au regard des résultats de ce travail de recherche Ces préconisations s'adressent d'abord aux émetteurs et aux gestionnaires de la monnaie électronique, puis aux structures chargées de son émission, de sa gestion et de son contrôle, à l'État et aux utilisateurs.

CHAPITRE VIII

TECHNOLOGIE DE L'INFORMATION ET DE LA COMMUNICATION (TIC) : CONFIANCE ET USAGES

Ce chapitre est consacré à la confiance dans la monnaie électronique et à son usage. Il vise à replacer les résultats présentés dans la deuxième partie de ce travail dans une perspective théorique. Après la vérification des hypothèses émises au départ de ce travail, les travaux théoriques sur les TIC en rapport avec la confiance et la pratique seront mobilisés.

8.a) Vérification des hypothèses émises

Le tableau ci-dessous montre les résultats des principales hypothèses émises.

Tableau 73: Vérification des hypothèses émises

Hypothèses	Résultats	Raisons
Le niveau de confiance dans «Orange Money» varie selon que l'on soit homme ou femme. Le niveau de confiance des femmes est plus élevé que celui des hommes.	Hypothèse validée	Le taux d'approbation des femmes est plus élevé que celui des hommes sur l'ensemble des 26 items de la confiance.
Les personnes dont l'âge est compris entre 33 et 44 ans, font plus confiance dans les transactions monétaires sur téléphone mobile.	Hypothèse validée	Le taux d'approbation des répondants âgés entre 33 et 44 ans est plus élevé que celui des autres tranches d'âges étudiées (18-32 ans, 45-54 ans, 55-63 ans, plus de 63 ans).
Les personnes sans aucun niveau d'études ont plus confiance dans les transactions monétaires sur téléphone mobile que les personnes diplômées.	Hypothèse validée	Le taux d'approbation des répondants sans aucun niveau d'étude est plus élevé sur l'ensemble des 26 items de la confiance.
Les étudiants ont plus confiance dans les transactions monétaires sur téléphone mobile que les travailleurs et les chômeurs.	Hypothèse validée	Le taux d'approbation des étudiants est plus élevé sur les 26 items de la confiance.
Les utilisateurs sans aucune expérience TIC ont plus confiance dans les transactions monétaires sur téléphone mobile que ceux qui sont expérimentés.	Hypothèse validée	Le taux d'approbation des répondants non expérimentés sur l'ensemble des facettes de la confiance est plus élevé.
Les utilisateurs de « Orange money » sont méfiants quant à la fourniture de leurs données personnelles à Orange Mali.	Hypothèse validée	Les répondants sont très nombreux à désapprouver les items de la facette Disponibilité à donner les informations personnelles.

8.b) La confiance dans les TIC

La présente étude s'est focalisée sur l'étude de la confiance dans Orange Money. Elle a produit des résultats qui ont été présentés dans la deuxième partie de ce travail. Ces résultats valident les principales hypothèses de recherche émises au départ de ce travail (voir paragraphe précédent). Ces dernières sont reprises et mises en perspectives ici. Il s'agit plus précisément de mobiliser les travaux théoriques qui renforcent ces propositions validées.

Le paragraphe s'articule autour des hypothèses validées qui sont au nombre de six dont les cinq premières sont relatives au genre, à l'âge, au niveau d'études, à l'activité et à l'expérience des répondants de l'enquête de la présente étude. La dernière est relative aux données personnelles.

8. b.1) TIC et genre

Les résultats de la présente étude présentés dans le sixième chapitre (paragraphe 6.a) ont montré que les femmes ont plus confiance dans les transactions monétaires sur téléphone mobile que les hommes. La mise en perspective de ces résultats exige un rappel des différents courants de recherche sur la place des femmes et de la technologie que nous présentons ci-dessous avant de tirer notre conclusion sur le positionnement de ces résultats.

8. b.1.1) Les courants de recherche sur le genre

Liesbet Van Zoonencité cité par Josiane Jouët souligne que les premiers courants de recherche sur le genre se sont imposés peu à peu dès les années 1970 dans les pays anglo-saxons. Ils vont par la suite se structurer en trois grands courants de recherche : le courant universaliste, le courant différentialiste et le courant constructiviste.

8.b.1.1.1) Le courant universaliste de recherche sur le genre

Pour les auteures Janine Mossuz-Lavau et Anne de Kersvadoué citées par Josiane Jouët, « Le courant universaliste adopte une conception sociologique ou culturelle du genre qui ne retient pas les différences biologiques comme fondamentales, les hommes et les femmes étant égaux. »[143]

8. b.1.1.2) Le féminisme différentialiste

Le deuxième courant de recherche sur le genre est le féminisme différentialiste. Josiane Jouët souligne que « Le féminisme différentialiste, qualifié aussi d'essentialiste, postule à l'inverse qu'il existe une différence fondamentale entre les deux sexes qu'il s'agit de préserver »[144]. Pour ce courant de recherche, les TIC sont attribuées aux hommes comme le fait remarquer Josiane Jouët (Jouët, 2003), « La technologie est analysée comme produite et conçue par les hommes, et elle représente un univers masculin qui promeut des valeurs de rationalité, de compétition et de domination, contraire aux valeurs du genre féminin. »[145]

Pour Cheris Kramarae du courant différentialiste, citée par Josiane Jouët, « Les femmes tendent à rejeter l'univers technique ou du moins s'y sentent aliénées »[146]

8. b.1.1.3) Le féminisme constructiviste

Le troisième courant de recherche sur le genre est celui du féminisme constructiviste qui s'est développé selon Josiane Jouët au cours des années 1980. Pour cette auteure, avec ce courant de recherche, « On assiste alors à une reconceptualisation du genre qui devient le produit évolutif des relations sociales, tout comme la technologie, qui elle-même n'est plus appréhendée comme un donné externe ni comme un déterminisme social. »[147]

---

[143]http://www.cairn.info/zen.php?ID_ARTICLE=RES_120_0053
[144]http://www.cairn.info/zen.php?ID_ARTICLE=RES_120_0053#re4no4
[145] Idem note 149
[146] Idem note 149
[147] Idem note 149

8.b.1.1.4) Le cyber féminisme

Patricia Vendramin, en faisant référence aux travaux de Harawa, Butler, Plant, Adam, Kember, souligne que « La perspective du cyber féminisme est également une nouvelle manière de penser la place et le pouvoir du genre dans un monde où les TIC sont devenues des réalités incontournables du quotidien »[148]. Les débats pour ce courant de recherche sont focalisés sur deux angles de recherche comme le fait remarquer Patricia Vendramin : « Les débats féministes mettent en avant d'une part, le monopole des hommes sur la technologie comme constituant une source importante de pouvoir et d'autre part, le manque de compétences technologiques des femmes comme un élément important de leur dépendance à l'égard des hommes. »

8. b.1.2) Conclusion

Les résultats de ce travail s'inscrivent dans une perspective du féminisme constructiviste. Nous pensons que la confiance entre Orange Money et le genre se construisent mutuellement. Il faut développer la confiance éclairée à la place de la confiance aveugle en mettant l'accent sur l'éducation des femmes au M-Banking.

8. b.2) TIC et âge

Les résultats issus de l'analyse des données de cette enquête ont montré que les répondants âgés entre 33 et 44 ans ont plus confiance dans Orange Money que les autres tranches d'âges étudiées (18-32 ans, 45-54 ans, 55-63 ans et plus de 63 ans).

Dans la recherche d'une mise en perspective de ces résultats, nous nous sommes intéressés aux travaux sur les générations des auteurs William Strauss et Neil Howe. Nous retenons trois générations sur les cinq mentionnés par ces chercheurs que nous présentons ci-dessous.

---

148 Patricia Vendramin, http://ticetsociete.revues.org/938

8. b.2.1) La génération X (1965-1979)

La génération X regroupe les personnes nées entre 1960 et 1980. Elles avaient un âge compris entre 36 et 50 ans au moment de l'administration des questionnaires d'enquête de la présente étude. Selon la littérature, cette génération n'était pas ou peu connectée aux TIC et a bénéficié de la massification de l'enseignement supérieur et de la transformation de l'audiovisuel.

8. b.2.2) La génération Y (1980-1994)

La génération Y est constituée de personnes nées entre 1980 et 1995. Elle avait un âge compris entre 20 et 35 ans au moment de l'enquête de la présente étude. Cette génération est celle des *digital native*.

8. b.2.3) La génération Z (1995 à nos jours)

Dans cette génération Z ou encore appelée génération C se retrouvent toutes les personnes nées après 1994. Selon la littérature, cette génération a grandi avec la technologie et surtout le Web. Elle est hyper connectée. Au moment de l'enquête de la présente étude, elle avait moins de 21 ans.

8. b.2.3) Conclusion

Les résultats de la présente étude ont montré que les répondants âgés entre 33 et 44 ans ont plus confiance dans les transactions monétaires sur téléphone mobile. Il faut créer de nouveaux emplois pour permettre aux jeunes notamment de la génération Y de s'insérer dans la vie économique. Il faut également réviser les textes pour permettre aux jeunes de la génération Z qui n'ont pas encore la majorité de souscrire à Orange Mali.

8. b.3) TIC et éducation

Les profils retenus dans le cadre de ce travail sont : confiance aveugle et confiance éclairée. Ces deux profils sont repris tour à tour dans les paragraphes ci-dessous dans le cadre d'une mise en perspective.

8. b.3.1) confiance aveugle

Elle regroupe l'ensemble des répondants qui approuvent les items des cinq facettes suivantes : bienveillance, acceptation de la dépendance, volonté de suivre les conseils, intention de passer au « M-Banking » et Compétence.

8. b.3.2) confiance éclairée

Elle regroupe l'ensemble des répondants qui désapprouvent les items des deux facettes suivantes : intégrité et disposition à donner des données personnelles.

8. b.3.3) Conclusion

Il faut développer la confiance éclairée à la place de la confiance aveugle en mettant l'accent sur l'éducation des usagers du « M-Banking »

8. b.4) TIC et activité

Les résultats de la présente étude montrent que les étudiants inscrits à l'université sont les plus nombreux à se méfier de la société Orange Mali s'agissant de son intégrité et de la disposition à donner les informations personnelles. Cette fraction de la population représente les cadres de la société malienne de demain. Ses craintes sont à prendre en compte en mettant en place des mécanismes de protection des données personnelles et des instances de régulation des relations entre opérateurs, État et associations d'usagers.

8. b.5) TIC et expérience

Les résultats obtenus montrent que les répondants sans aucun niveau d'études font plus confiance aux transactions monétaires sur téléphone mobile. Le profil de ces répondants correspond à celui de la confiance aveugle présenté dans le chapitre six (paragraphe 6.g).Il faut développer la confiance éclairée à la place de la confiance aveugle en mettant l'accent sur l'éducation des usagers du « M-Banking »

8. b.6) TIC et données à caractère personnel

Les résultats de la présente étude ont montré que les répondants, quel que soit l'angle d'analyse (genre, âge, niveau d'étude, activité, expérience professionnelle) sont réticents à fournir leurs données personnelles à Orange Mali.

Selon la Commission Nationale Informatique et Libertés (CNIL)[149], « Des données sont considérées comme à caractère personnel dès lors qu'elles permettent d'identifier directement ou indirectement des personnes (ex. nom, numéro d'immatriculation, numéro de téléphone, photographie…). »

Cette méfiance généralisée des utilisateurs de Orange Money sur la facette « disposition à donner les informations personnelles » est à prendre en compte en mettant en place des mécanismes de protection des données personnelles et des instances de régulation des relations entre opérateurs, État et associations d'usagers.

[149] Le CNIL est une autorité administrative indépendante française. Elle est chargée de veiller à ce l'informatique soit au service du citoyen et qu'elle ne porte atteinte ni à l'identité humaine, ni aux droits de l'homme, ni à la vie privée, ni aux libertés individuelles ou publiques.

CHAPITRE IX

LES INDICATEURS À APPROFONDIR

Un réexamen des résultats de la présente étude présentés dans le chapitre six soulève des questions qui ne peuvent trouver malheureusement leurs réponses dans ce travail. De l'étude de ces questionnements sont issus des indicateurs pertinents que nous présentons ici.

9.a) Activité professionnelle

Nous justifions d'abord le choix des indicateurs à approfondir relatifs à la variable « activité professionnelle » avant de les présenter.

9. a.1) Justification

Les résultats de la présente recherche montrent que les étudiants ont un niveau de confiance plus élevé que les chômeurs ainsi que les travailleurs du secteur privé et du secteur public.

Ces résultats ne permettent pas de savoir les niveaux de confiance par catégorie socioprofessionnelle des répondants. La présente étude aurait pu être enrichie par une prise en compte de deux ou trois catégories professionnelles.

9. a.2) Indicateurs à approfondir

Le tableau suivant issu de croisement de la variable « confiance » avec la variable « catégorie socioprofessionnelle » montre les indicateurs à approfondir. Les résultats de ces indicateurs serviront à affiner les résultats de la présente étude.

Tableau 74 : Confiance dans Orange Money par catégorie socioprofessionnelle

		Catégories socioprofessionnelles				
		CSP1	CSP2	CSP2	CSP2	CSP3
Variables de confiance	**Bienveillance**					
	Orange Mali semble se sentir très concernée par mon bien-être	1	2	3	4	5
	Mes besoins et mes désirs semblent être importants pour Orange Mali	6	7	8	9	10
	Orange Mali semble vraiment chercher à savoir ce qui est important pour moi	11	12	13	14	15
	Intégrité					
	Orange Mali me semble faire des efforts pour être loyale dans les relations avec autrui	16	17	18	19	20
	J'apprécie les valeurs d'Orange Mali	21	22	23	24	25
	Orange Mali semble être guidée par des principes sains.	26	27	28	29	30
	Compétence					
	Orange paraît tout à fait capable de gérer les paiements par *téléphone mobile*	31	32	33	34	35
	L'entreprise Orange semble réussir ce qu'elle entreprend.	36	37	38	39	40
	Orange semble avoir de solides connaissances pour conduire les paiements par *téléphone mobile*	41	42	43	44	45
	Je fais *confiance* au savoir-faire d'Orange pour les paiements par *téléphone mobile*	46	47	48	49	50
	Orange paraît être bien qualifiée dans le secteur de la téléphonie mobile	51	52	53	54	55
	Acceptation de la dépendance					
	Si un problème important survient avec mon *téléphone mobile*, je me sentirais bien en étant dépendant du service d'Orange.	56	57	58	59	60
	Je pourrais toujours me reposer sur le service d'Orange en cas de situation difficile avec mon *téléphone mobile*.	61	62	63	64	65
	Je pense que je pourrais compter sur l'aide du service d'Orange en cas de problème crucial avec mon *téléphone mobile*.	66	67	68	69	70
	Si je rencontrais un problème sérieux avec mon *téléphone mobile* qui nécessiterait une aide, j'aimerais bien me reposer sur le service d'Orange.	71	72	73	74	75
	Volonté de suivre les conseils					
	Si j'avais un problème important avec mon *téléphone mobile*, je souhaiterais avoir les conseils des techniciens d'Orange.	76	77	78	79	80
	Je me sentirais en *confiance* pour suivre les conseils donnés par les techniciens d'Orange	81	82	83	84	85
	Je n'hésiterais pas à me servir des conseils donnés par les techniciens d'Orange.	86	87	88	89	90
	Je me sentirais en sécurité en suivant les conseils donnés par les techniciens d'Orange.	91	92	93	94	95
	Disposition à donner des informations personnelles					
	Je serais d'accord pour communiquer des informations personnelles aux techniciens d'Orange	96	97	98	99	100
	Je serais d'accord pour donner le code PIN de mon *téléphone mobile* aux techniciens d'Orange	101	102	103	104	105
	Je serais d'accord pour partager les spécificités de mon *téléphone mobile* avec les techniciens d'Orange	106	107	108	109	110
	Je serais d'accord pour autoriser les techniciens d'Orange à utiliser mon *téléphone mobile* pour m'aider à résoudre des problèmes	111	112	113	114	115
	Intention de payer par téléphone					
	Je souhaiterais payer mes factures par *téléphone mobile*.	116	117	118	119	120
	Je recommanderaiss le paiement par *téléphone mobile* d'Orange à un ami	121	122	123	124	125
	Je m'enregistrerais à *Orange money*	126	127	128	129	130

9. a.3) Conclusion

Une prise en compte des indicateurs présentés dans le paragraphe précédent aurait été enrichissante pour ce travail. Nous comptons les intégrer dans nos recherches ultérieures sur la mesure de la confiance dans les TIC.

9.b) Âge

Les indicateurs à approfondir relatifs à la variable « âge » de la présente étude sont présentés dans les paragraphes suivants. Ils sont précédés d'une justification de leur choix.

9. b.1) Justification

Les résultats de la présente recherche montrent que les répondants dont l'âge est compris entre 33 et 44 ans ont plus confiance dans les transactions monétaires sur téléphone mobile que les autres tranches d'âges étudiées (18-32 ans, 45-54 ans, 55-63 ans et plus de 63 ans). Ils ne fournissent aucune explication sur la confiance dans les transactions monétaires des personnes de moins de 18 ans et de plus de 54 ans.

Les jeunes de moins de 18 ans (génération Z) sont selon la littérature, la génération la plus connectée. Aussi ils constituent un pan considérable de la population malienne. Il est donc important de les prendre en compte dans une telle étude. Il est important de prendre en compte la confiance dans les transactions monétaires des personnes âgées de plus de 54 ans pour des résultats plus complets de ce travail.

9. b.2) Indicateurs à approfondir

Le tableau suivant issu de notre croisement des items de la confiance avec la variable « âge » (moins de 18 ans et plus de 54 ans) montre les indicateurs d'analyse à approfondir. Ils sont numérotés par ordre croissant de la droite vers la gauche en commençant par le premier item de la facette bienveillance.

Tableau 75 : Confiance dans Orange Money des moins de 18 ans et plus de 54 ans

		Moins de 18 ans	Plus de 54 ans
Variables de confiance	**Bienveillance**		
	Orange Mali semble se sentir très concernée par mon bien être	1	2
	Mes besoins et mes désirs semblent être importants pour Orange Mali	3	4
	Orange Mali semble vraiment chercher à savoir ce qui est important pour moi	5	6
	Intégrité		
	Orange Mali me semble faire des efforts pour être loyale dans les relations avec autrui	7	8
	J'apprécie les valeurs d'Orange Mali	9	10
	Orange Mali semble être guidée par des principes sains.	11	12
	Compétence		
	Orange paraît tout à fait capable de gérer les paiements par *téléphone mobile*	13	14
	L'entreprise Orange semble réussir ce qu'elle entreprend.	15	16
	Orange semble avoir de solides connaissances pour conduire les paiements par *téléphone mobile*	17	18
	Je fais *confiance* au savoir-faire d'Orange pour les paiements par *téléphone mobile*	19	20
	Orange paraît être bien qualifiée dans le secteur de la téléphonie mobile	21	22
	Acceptation de la dépendance		
	Si un problème important survient avec mon *téléphone mobile*, je me sentirais bien en étant dépendant du service d'Orange.	23	24
	Je pourrais toujours me reposer sur le service d'Orange en cas de situation difficile avec mon *téléphone mobile*.	25	26
	Je pense que je pourrais compter sur l'aide du service d'Orange en cas de problème crucial avec mon *téléphone mobile*.	27	28
	Si je rencontrais un problème sérieux avec mon *téléphone mobile* qui nécessiterait une aide, j'aimerais bien me reposer sur le service d'Orange.	29	30
	Volonté de suivre les conseils		
	Si j'avais un problème important avec mon *téléphone mobile*, je souhaiterais avoir les conseils des techniciens d'Orange.	31	32
	Je me sentirais en *confiance* pour suivre les conseils donnés par les techniciens d'Orange	33	34
	Je n'hésiterais pas à me servir des conseils donnés par les techniciens d'Orange.	35	36
	Je me sentirais en sécurité en suivant les conseils donnés par les techniciens d'Orange.	37	38
	Disposition à donner des informations personnelles		
	Je serais d'accord pour communiquer des informations personnelles aux techniciens d'Orange	39	40
	Je serais d'accord pour donner le code PIN de mon *téléphone mobile* aux techniciens d'Orange	41	42
	Je serais d'accord pour partager les spécificités de mon *téléphone mobile* avec les techniciens d'Orange	43	44
	Je serais d'accord pour autoriser les techniciens d'Orange à utiliser mon *téléphone mobile* pour m'aider à résoudre des problèmes	45	46
	Intention de payer par téléphone		
	Je souhaiterais payer mes factures par *téléphone mobile*.	47	48
	Je recommanderais le paiement par *téléphone mobile* d'Orange à un ami	49	50
	Je m'enregistrerais à *Orange money*	51	52

9. b.3) Conclusion

La présente étude n'a malheureusement pas pris en compte les indicateurs du tableau ci-dessus. Nous envisageons de les prendre en compte dans le cadre d'une recherche ultérieure.

9.c) Expérience TIC

Les indicateurs à approfondir relatifs à la variable « expérience des TIC » de la présente étude seront présentés ici. Nous présentons au préalable les raisons qui justifient leur choix.

9. c.1) Justification

Les résultats obtenus montrent que les répondants sans aucune expérience des TIC ont plus confiance dans les transactions monétaires sur téléphone mobile que les répondants expérimentés dans leur usage.

Ils ne permettent pas d'en savoir davantage sur le volume des échanges passés entre les répondants et Orange Mali pour des analyses plus détaillées des niveaux de confiance.

9. c.2) Indicateurs à approfondir

Le tableau ci-dessous, issu de notre croisement du volume des échanges passés par les répondants avec Orange Mali et les items de la confiance montre les indicateurs restants à approfondir.

Tableau 76 : Confiance dans Orange Money selon le volume des échanges passés

		Volumes des échanges passés avec Orange Mali mensuellement		
		Moins de 5	Entre 5 et 10	Plus de 10
Variables de *confiance*	**Bienveillance**			
	Orange Mali semble se sentir très concernée par mon bien-être	1	2	3
	Mes besoins et mes désirs semblent être importants pour Orange Mali	6	7	8
	Orange Mali semble vraiment chercher à savoir ce qui est important pour moi	11	12	13
	Intégrité			
	Orange Mali me semble faire des efforts pour être loyale dans les relations avec autrui	16	17	18
	J'apprécie les valeurs d'Orange Mali	21	22	23
	Orange Mali semble être guidée par des principes sains.	26	27	28
	Compétence			
	Orange paraît tout à fait capable de gérer les paiements par *téléphone mobiles*	31	32	33
	L'entreprise Orange semble réussir ce qu'elle entreprend.	36	37	38
	Orange semble avoir de solides connaissances pour conduire les paiements par *téléphone mobile*	41	42	43
	Je fais *confiance* au savoir-faire d'Orange pour les paiements par *téléphone mobile*	46	47	48
	Orange paraît être bien qualifiée dans le secteur de la téléphonie mobile	51	52	53
	Acceptation de la dépendance			
	Si un problème important survient avec mon *téléphone mobile*, je me sentirais bien en étant dépendant du service d'Orange.	56	57	58
	Je pourrais toujours me reposer sur le service d'Orange en cas de situation difficile avec mon *téléphone mobile*.	61	62	63
	Je pense que je pourrais compter sur l'aide du service d'Orange en cas de problème crucial avec mon *téléphone mobile*.	66	67	68
	Si je rencontrais un problème sérieux avec mon *téléphone mobile* qui nécessiterait une aide, j'aimerais bien me reposer sur le service d'Orange.	71	72	73
	Volonté de suivre les conseils			
	Si j'avais un problème important avec mon *téléphone mobile*, je souhaiterais avoir les conseils des techniciens d'Orange.	76	77	78
	Je me sentirais en *confiance* pour suivre les conseils donnés par les techniciens d'Orange	81	82	83
	Je n'hésiterais pas à me servir des conseils donnés par les techniciens d'Orange.	86	87	88
	Je me sentirais en sécurité en suivant les conseils donnés par les techniciens d'Orange.	91	92	93
	Disposition à donner des informations personnelles			
	Je serais d'accord pour communiquer des informations personnelles aux techniciens d'Orange	96	97	98
	Je serais d'accord pour donner le code PIN de mon *téléphone mobile* aux techniciens d'Orange	101	102	103
	Je serais d'accord pour partager les spécificités de mon *téléphone mobile* avec les techniciens d'Orange	106	107	108
	Je serais d'accord pour autoriser les techniciens d'Orange à utiliser mon *téléphone mobile* pour m'aider à résoudre des problèmes	111	112	113
	Intention de payer par téléphone			
	Je souhaiterais payer mes factures par *téléphone mobile*.	116	117	118
	Je recommanderais le paiement par *téléphone mobile* d'Orange à un ami	121	122	123

9. c.3) Conclusion

La présente étude n'a pas analysé le volume des échanges passés entre les répondants à l'enquête et la société Orange Mali. Nous envisageons de le faire dans le cadre d'une recherche future.

CHAPITRE X

PRÉCONISATION

Les résultats principaux de notre recherche, développés dans le sixième chapitre de ce travail sont ceux-ci :

- Les résultats de la présente étude ont montré que les femmes ont plus confiance dans Orange Money que les hommes

- Les utilisateurs d'Orange Money de la tranche d'âge de 33-44 ans ont plus confiance dans Orange Money

- Les utilisateurs sans aucun niveau d'études ont un niveau de confiance plus élevé que ceux avec un niveau d'études sur la majorité des 26 facettes de la confiance

- Les étudiants ont plus confiance dans Orange Money que les chômeurs et les travailleurs.

- Les résultats de la présente étude ont effectivement montré que les répondants sans aucun niveau d'étude ont plus confiance dans Orange Money

- Les résultats de la présente étude ont effectivement montré que les répondants sont réticents à donner leurs informations personnelles à Orange Mali

Ils nous amènent à proposer les recommandations suivantes à l'attention des émetteurs et gestionnaires de la monnaie électronique, aux autorités monétaires et de contrôle, à l'État et aux utilisateurs de la monnaie électronique. Elles sont présentées tour à tour dans les paragraphes suivants.

10.a) Les émetteurs et gestionnaires de la monnaie électronique

Les émetteurs et les gestionnaires de la monnaie électronique sont les banques secondaires et les sociétés de télécommunications. Ils sont au cœur des questions relatives à la monnaie électronique

10. a.1) Les banques secondaires

Les facteurs réputation et confiance sont essentiels à l'activité bancaire. Selon Michel Aglietta et Laurence, « La réputation d'une banque peut pâtir de sa défaillance à fournir des services de banque électronique sûrs, précis et homogènes dans le temps quant à leur qualité »[150]Les banques devraient asseoir leur réputation en fournissant des services de banque électronique sûrs, précis et homogènes.

10. a.2) Les sociétés de télécommunication

Nous formulons les recommandations suivantes à l'égard des sociétés de télécommunications.

-Maîtriser les risques opérationnels

La principale menace opérationnelle dans les réseaux ouverts selon Michel Aglietta et Laurence Scialom est la fraude et la contrefaçon. Les autres risques opérationnels selon les mêmes auteurs, résultent de l'association complexe de compétences bancaires et non bancaires pour faire fonctionner un réseau de monnaie électronique

— Protéger les données personnelles des utilisateurs et prévenir de l'utilisation exacte faite de leurs données
— Garantir la transparence et information du consommateur sur l'usage de données personnelles

[150]http://sceco.univ-poitiers.fr/franc-euro/articles/MAgliettaLScialom.PDF

— Minimiser la collecte des données à caractère personnel

10.b) Autorité Monétaire et de Contrôle

Selon l'article 1er de l'instruction n°01/2006/SP du 31 juillet 2006 de la BCEAO, l'autorité monétaire et de contrôle se compose ainsi qu'il suit : la Banque Centrale des États de l'Afrique de l'Ouest (BCEAO), la Commission Bancaire de l'UMOA et le Ministère chargé des Finances. Michel Aglietta et Laurence Scialom retiennent trois types de risques que la monnaie électronique pourrait poser. Il s'agit des risques opérationnels, des risques de réputation et des risques légaux. Les banques centrales en autorisant l'émission de la monnaie électronique, rendent possible l'émergence de ces nouveaux risques. Elles doivent mettre tout en œuvre pour réduire, voire neutraliser ces risques.

10.c) L'État

La confiance dans les transactions monétaires sur téléphone mobile implique forcément l'État qui devrait prendre les dispositions suivantes pour d'une part sécuriser les données à caractère personnel, et soutenir les actions de contrôle de l'Autorité Monétaire et de Contrôle dont il est membre d'autre part.

10. c.1) Mettre en place une structure indépendante pour la protection des données à caractère personnel

A l'image du CNIL[151] en France, chaque État membre de la BCEAO devrait mettre en place une structure indépendante qui aura pour mission comme le souligne la CNIL, « (…) veiller à ce que l'informatique soit au service du citoyen et qu'elle ne porte atteinte ni à l'identité humaine, ni aux droits de l'homme, ni à la vie privée, ni aux libertés individuelles ou publiques.»[152]Ces structures devraient être

[151] La Commission Nationale de l'Informatique et des Libertés.

[152]http://www.cnil.fr/linstitution/qui-sommes-nous/

membre de L'AFAPD, l'Association Francophone des Autorités de Protection des Données Personnelles.

10. c.2) Maîtriser les risques juridiques

Pour Michel Aglietta et Laurence Scialom, les risques juridiques de la monnaie électronique, « (...) concernent les violations ou la conformité aux lois, règles ou règlementations, ou le simple fait que les droits et obligations des parties engagées dans une transaction ne sont pas clairement établis.»[153]L'État devrait maîtriser ces risques juridiques liés à la monnaie électronique en se dotant de textes dédiés et en renforçant les capacités de la justice en TIC.

10. c.3) Transparence et responsabilité

L'État devrait obliger les sociétés de télécommunications à davantage de transparence et de responsabilité pour la protection des données à caractère personnel

10. c.3) Éduquer la population aux TIC

Les résultats de la présente étude ont montré que plusieurs répondants accordent une confiance aveugle à la société Orange Mali. L'État devrait à travers ses trois ordres d'enseignement (primaire, secondaire et supérieur), développer la confiance éclairée par la formation des élèves et des étudiants aux TIC et plus spécifiquement au « M-Banking ».

10.d) Les utilisateurs de la monnaie électronique

Les principales victimes d'une utilisation inappropriée des données à caractère personnel sont les utilisateurs de la monnaie électronique. Nous formulons les recommandations suivantes pour les aider à se protéger des nouveaux risques de cette ère digitale.

---

[153] Idem note numéro 155

10. d.1) Association de protection des données personnelles

Les utilisateurs de la monnaie électronique devraient mettre en place un espace associatif pour défendre leurs données personnelles.

10. d.2) Charte africaine des droits de l'homme et des peuples

Les utilisateurs de la monnaie électronique devraient se saisir de la charte africaine des droits de l'homme et des peuples pour étendre leur initiative de protection des données personnelles à tous les pays africains.

CONCLUSION GÉNÉRALE

L'objectif principal de la présente étude a été de mesurer la confiance dans Orange Money dans le district de Bamako. En vue d'atteindre cet objectif, le présent travail a été articulé autour de trois grandes parties :

- La première a porté sur l'étude des contextes théoriques et sociologiques ;

- La deuxième partie a porté sur l'analyse, l'interprétation et la présentation des résultats.

- La troisième partie a porté d'une part sur la mobilisation des théories qui renforcent les résultats présentés dans la deuxième partie ; et la présentation des indicateurs à approfondir et les préconisations d'autre part.

Les résultats présentés dans la deuxième partie de ce travail montrent que les répondants ont confiance dans Orange Mali sur la grande majorité des facettes de la confiance étudiées. Mais, l'étude a aussi mis en exergue les méfiances des répondants s'agissant de la fourniture de leurs données personnelles. Ces résultats confirment les six principales hypothèses émises au départ de ce travail qui sont :

Première hypothèse : le niveau de confiance dans Orange Money varie selon que l'on soit homme ou femme. Le niveau de confiance des femmes est plus élevé que celui des hommes.

Deuxième hypothèse : les personnes dont l'âge est compris entre 33 et 44 ans ont plus confiance dans les transactions monétaires sur téléphone mobile.

Troisième hypothèse : les personnes sans aucun niveau d'études ont plus confiance dans les transactions monétaires sur téléphone mobile que les personnes diplômées.

Quatrième hypothèse : les étudiants ont plus confiance dans les transactions monétaires sur téléphone mobile que les travailleurs et les chômeurs.

Cinquième hypothèse : les utilisateurs sans aucune expérience des TIC ont plus confiance dans les transactions monétaires sur téléphone mobile que ceux expérimentés.

Sixième hypothèse : les utilisateurs d'Orange Money sont méfiants quant à la fourniture de leurs données personnelles à Orange Mali.

Les apports de la présente recherche

— Enrichissent la littérature antérieure sur la confiance dans les transactions monétaires sur téléphone mobile. Les résultats secondaires de la présente étude ont montré que ce sont les jeunes éduqués hommes qui pratiquent le plus Orange Money.

— Les résultats de la présente étude sont similaires à ceux d'une enquête conduite en fin 2008 au Kenya auprès de 3000 ménages. Ces derniers ont montré que les pratiquants de « M-pesa » sont légèrement plus des hommes âgés, instruits et mieux éduqués[154].

— Mettent à la disposition de la communauté scientifique une base de données sur la confiance aux transactions monétaires sur téléphone mobile en Afrique.

— Contribuent à une meilleure connaissance de la confiance dans les transactions monétaires sur téléphone mobile.

— Apportent des explications sur le comportement des utilisateurs d'Orange money.

— Contribuent à la politique nationale des TIC du Mali.

[154] http://www.fsdkenya.org/pdf_documents/11-02

Les limites de ce travail

Ce travail présente quelques limites que nous présentons ici.

— Échantillon d'enquête

— Les résultats de la présente étude sont difficilement généralisables du fait de la petitesse de son échantillon d'enquête qui est de 309 personnes.

— Méthodologie d'enquête

L'enquête menée dans le cadre de ce travail a été individuelle. Elle aurait pu être précédée d'une enquête de groupe pour atténuer les biais.

— La qualité du service

L'influence de la qualité de service Orange Money sur le niveau de confiance des répondants à l'enquête dans les transactions monétaires sur téléphone mobile n'a pas été mesurée dans le cadre de ce travail. Or les résultats d'une étude menée par Mariem Hasni[155]en Tunisie montrent que la qualité du service « m-paiement » influence positivement la confiance initiale.

Les perspectives de ce travail

La présente recherche ouvre les perspectives suivantes :

— Une recherche ultérieure en vue d'une généralisation des résultats ;

[155] http://www.marketing-trends-congress.com/archives/2014/pages/PDF/243.pdf

— Une nouvelle piste de recherche sur la confiance aveugle et la confiance éclairée aux TIC.

SIGLES ET ABREVIATIONS

ACSEL

Association de l'économie numérique

AFAPD

l'Association Francophone des Autorités de Protection des Données Personnelles

BAD

Banque Africaine de Développement

BCEAO

Banque Centrale des Etats de l'Afrique de l'Ouest

BDM

Banque de Développement du Mali

BICIM

Banque Internationale pour le Commerce et l'Industrie du Mali

BTP

Bâtiments et Travaux Publics

CD

Compact Disk

CNIL

Commission Nationale de l'Informatique et des Libertés

CRT

Comité de Régulation des Télécommunications

EDSM

Enquête Démographique et de Santé du Mali

FCFA

Franc de la Communauté Financière Africaine

FMI

Fonds Monétaire International

INSTAT

Institut National de la Statistique

MATCL

Ministère de l'Administration Territoriale et des Collectivités Locales

MCNT

Ministère de la Communication et des Nouvelles Technologies

MEFP

Ministère de l'Emploi et de la Formation Professionnelle

MEN

Ministère de l'Education Nationale

MIC

Ministère de l'Industrie et du Commerce
MJS
Ministère de la Jeunesse et des Sports
M-Pesa
Mobile PESA
PIB
Produit Intérieur Brut
SFD
Systèmes Financiers Décentralisés
SOTELMA
Société des Télécommunications du Mali
SPSS
Statistical Package for the Social Sciences
TIC
Technologie de l'Information et de la Communication
UEMOA
Union Economique Monétaire Ouest Africaine
UMAC
Union Monétaire de l'Afrique Centrale
URL
Uniform Resource Locator

BIBLIOGRAPHIE

Aglietta, M., & Scialom, L. (2002). *Les défis de la monnaie électronique pour les banques centrales.*

Aigrain, P. (2005). *Cause commune. L'information entre bien commun et propriété.* Paris: Transversales fayard.

Alafeed, M., Singh, D., & Ahmad, K. (2012). «The influence of demographic factors and user interface on Mobile Banking adoption: A review». *Journal of Applied Sciences* .

Alafeef, M., Singh, D., & Ahmad, K. (2011). Influence of demographic factors on adoption level of mobile banking application in Jordan. *Research journal of applied sciences* , pp. 373-377.

Ancel, P. (1987). La protection des données personnelles: Aspects de droit privé français. *Revue internationale de droit comparé. Vol. 39 Numéro 3* , pp. 609-626.

Autorité Malienne de Régulation des Télécommunications/TIC et des Postes. (2007). GSM au MALI pré-enquête de satisfaction des utilisateurs du téléphone mobile présentation des résultats. Bamako, MALI.

Baba-moussa, A. R., Moussa, L. M., & Rakotozafy, J. (2014). *Fondement et philosophie de l'éducation des adultes en Afrique.* Hambourg: Institut de l'UNESCO pour l'apprentissage tout au long de la vie.

BAfD; OCDE; PNUD; CEA. (2013). *Perspectives économiques en Afrique 2014.* Consulté le Mars 2014, sur africaneconomicoutlook.org: http://www.africaneconomicoutlook.org/fr

Baier, A. (1996). «Trust and antitrust» . *Ethics* , pp. 231-260.

Banque Africaine de Développement. (2010). *Mobile Banking in Africa: Taking the bank to the people.*

Banque Mondiale. (2012). *« Abrégé » de l'ouvrage Information et communications au service du développement, 2012 : Exploiter au maximum la téléphonie mobile.* Washington: Banque mondiale.

Banque Mondiale. (2009). *Information and Communications for development: Extending reach and increasing impact.* The World Bank.

Barber, B. (1983). «The logic and limits of trust». *Rutgers University Press* .

Bartikowski, B., Chandon, J.-L., & Müller, B. (2007, Décembre). Mesurer la confiance des internautes dans les sites web marchands: adaptation de l'echelle de Mcknight, Kacmar et Choudhury (2002).

Bidault, F., & Jarillo, J. (1995). La confiance dans les transactions économiques. *Confiance, Entreprise et Société* , pp. 109-123.

Blomqvist, K., & Stähle, P. (2000). «Bulding organizational trust». *Working Paper* .

Boilley, P., Bost, F. B., & Coulon, C. (s.d.). *Mali.* Consulté le Mars 22, 2014, sur Encyclopædia Universalis: http://www.universalis-edu.com/encyclopedie/mali/

Bourdieu, P. (1994). *Raisons pratiques. Sur la théorie de l'action.* Seuil.

Bradach, J. L., & Eccles, R. G. (1989). «Price, Authority, and Trust: from ideal types to plural forms». *Annual Review of Sociology. Vol.15* , pp. 95-118.

Breton, P., & Proulx, S. (2006). *L'explosion de la communication: Introduction aux théories et aux pratiques de la communication.* Paris: éditions decouvertes, .

Brousseau, É. (2001). Confiance ou contrat, confiance et contrat. *INRA édition* .

Buckley H., F. (2005). «Just exchange». *A theory of contact* , p. 44.

Butler, J. K. (1991). «Toward understanding and measuring conditions of trust: evolution of conditions of trust inventory». *Journal of Management. 17* , pp. 643-663.

Butler, J. K., & Cantrell, S. R. (1984). «A behavioral decision theory approach to modeling dyadic trust in superiors and subordinates«». *Psychological Reports. 55* , pp. 19-28.

Cabinet d'étude PWC. (s.d.). Les télécommunications en Afrique: un secteur innovant et motivant. *Communications Review. Volume 17 n°1* , pp. 1-63.

Charreaux, G. (1990). La théorie des transactions informelles : une synthèse. *Economies et Sociétés,Série Sciences de gestion, n°15* , pp. 1-24.

Chéneau-Loquay, A. (2010). *Modes d'appropriation innovants du téléphone mobile en Afrique.*Genève: IUT.

Chitungo K., S., & Munongo, S. (2013). Extending the Technology Acceptance Model to Mobile Banking Adoption in Rural Zimbabwe. *Journal of business administration and education, Vol 3, N°1* , pp. 51-79.

Chouk, I., & Perrien, J. (2005, 12). La confiance du consommateur vis-à-vis d'un marchand Internet: Proposition d'une échelle de mesure. *Revue Française du Marketing N°205* , pp. 5-20.

Coleman S., J. (1990). «Relation of trust». *Haward University Press* , pp. 91-116.

Comité National d'Evaluation. (1993). *Les sciences de l'Information et de la Communication.*

Commission Economique pour l'Afrique; Union Africaine. (2013). *Rapport économique sur l'Afrique. Tirer le plus grand profit des produits de base Africains: L'industriaisation au service de la croissance, de l'emploi et de la croissance économique.* Addis-Abeba, Ethiopie: Commission économique pour l'Afrique.

Cummings, L. L., & Bromiley, P. (1996). «The organizational trust inventory (OTI) development and validation». *Trust organizations* .

Davis, D., Bagozzi, P., & Warshaw, R. (1989, août). User acceptance of computer technology: A comparison of two theorical models. *Management science. Volume 35, N°8.* , pp. 982-1004.

Degoey, P., & Tyler R., T. (1996). «Trust in organizational authorities: the influence of motive attributions on willingness to accept decisions». *Trust in organisations* , pp. 331-356.

Deutsch, M. (1958). «Trust and suspicion». *Journal of conflict resolution,2* , pp. 265-279.

Donada, C., & Nogatchewsky, G. (2007). La confiance dans les relations interentreprises : revue des recherches quantitatives. *Revue Française de Gestion 33, 175* , pp. 111-124.

Elbadrawy, R., & Abdel Aziz, R. (2011, Novembre). Resistance to mobile banking adoption in Egypt: A cultural perspective. *International Journal of Managing Information Technology (IJMIT), Vol.3, N°4* , pp. 9-21.

Elbadrawy, R., & Aziz, R. A. (2011, Novembre). «Resistance to mobile banking adoption in Egypt: a cultural perspective». *Sai om Journal of commerce & Management* .

ENDA tiers monde. (2005). *numérique de genre en Afrique francophone : Une inquiétante réalité.*Dakar, Sénégal: enda.

Everett, M. R. (1983). *Diffusion of innovations third edition.* Londre: The free Press.

Everett, R. (1995). *Diffusion of innovations fourth edition.* New York: The Free Press.

Farell, H. (2004). «Trust, distrust and power». *Distrust, Rusell Hardin* , pp. 85-105.

Financial Sector Deepening. (2009). *Mobile payments in Kenya. Finding from a survey of M-PESA users and agents.*Kenya.

Fonds Monétaire International. (2013). *Rapport du FMI N°. 13/380.* Washington: FMI.

Gagné, A.-M. (2011). La confiance et le soupçon: Faire les relations publiques à l'ère de l'entreprise "responsable". *Communication* .

Gambetta, D. (1988). «Can we trust trust ?». *Trust:making and breaking cooperative relations* , pp. 213-235.

Giddens, A. (1990). «The consequences of modernity». *Standford University Press* , pp. 1-29.

Gléonnec, M. (2004, Février). Confiance et usage des Technologies de l'Information et de la Communication . *Consommations et sociétés, N°4* .

Granovetter, M. (1991). «Economic action and social structure: the problem of embeddedness». *American journal of sociology* , pp. 481-510.

GSMA. (2011). *African Mobile Observatory 2011. Driving economic and social development through mobile services.*

Gu, J.-C., Lee, S.-C., & Suh, Y.-H. (2009). Determinants of behavioral intention to mobile banking. *Expert Systems with Applications* , pp. 11605-116016.

Guibert, N. (1999). La confiance en marketing : fondements et applications. *Recherche et Applications en Marketing, Vol 14, N°1* , pp. 1-19.

Hardin, R. (2001). «Conception and explanations of trust». *Trust in society* , pp. 3-39.

Hasni, M. (s.d.). *La confiance initiale dans le cadre du paiement mobile: antécédents et conséquences.* Consulté le jun 15, 2015, sur marketing-trends-congress.com: http://www.marketing-trends-congress.com/archives/2014/pages/PDF/243.pdf

Homes, J. G., & Rempel, J. K. (1986). «Trust and conflict in close relationships».

Hosmer, T. L. (1995, Avril). «Trust: The connecting link between organizational theory and phylosophical ethics». *The academy of Management Review* , pp. 379-403.

IDRC, CRDI. (Septembre 2010). *Dynamiques et rôles économique et social du secteur informel des TIC en Afrique de l'Ouest et du centre: cas de Burkina Faso, du Cameroun et du Sénégal.*

Institut National de la Statistique (INSTAT) Mali. (2012). *Comptes nationaux du Mali.* Bamako.

ITU. (2011). *Mesurer la société de l'information.*

Jean-Christophe. (2013). 10 ans de télécoms en Afrique. Consulté le mars 31, 2014, sur pwc: http://www.pwc.fr

Jeffries Frank. L., R. R. (2000). «Trust and Adaptation In Relational Contracting». *Academy of Management* , pp. 873-882.

Jouët, J. (2003, Avril). "Technologie de Communication et genre", des relations en construction. *Réseaux n°120* , pp. 53-86.

Jouët, J. (1993). Pratiques de communication et figures de la médiation. *Réseaux. Volume 11 n°60* , pp. 99-120.

Jouët, J. (2000). Retour critique sur la sociologie des usages. *Réseaux, Volume 18 n°100* , pp. 487-521.

Kevin, W., & Maria, Q. (2014). *Lost in intermediation. How excessive charges undermine the benefits remittances for Africa* .Londres.

KHLIF, W. (2000, 7). Processus de construction de la confiance et configuration de contrôle de gestion. *Revue Tunisienne des Sciences de Gestion* , pp. 2-14.

Kivijärvi, M., Laukkanen, T., & Cruz, P. (2007). «Consumer Trust in Electronic Service Consumption: A Cross-Cultural Comparison Between Finland and Portugal». *Journal of Euromarketing, Volume 16,Issue 3* , pp. 51-65.

Kurt T., D., & D., S. (s.d.). «Trust in leaders: existing research and emerging issues». *Trust within organizations* .

Laforet, S., & Li, X. (2005). Consumers' attitudes towards online and mobile banking in China. *International Journal of Bank Marketing, Vol. 23 Iss: 5,* , pp. 362 - 380.

Laukkanen, T., & Cruz, P. (2010). «What determines mobile banking non adoption ?». *Marketing Academy Conference,*. Christchurch, New Zealand.

Lewis, J. D., & Weigert, A. (1985, Juin). «Trust as a Social Reality» . *Social Forces, vol. 63, n° 4* , pp. 967-985.

Lobet-Maris, C. (2011). Âge et usages informatique. *Communications. Volume 1 Numéro 88* , pp. 19-28.

Luhmann, N. (1979). «Trust and Power». *John Wiley, New-York* .

Mangematin, V. (1999). La confiance: un mode de coordination dont l'utilisation depend de ses conditions de production. *Confiance et entreprise* , pp. 1-21.

Mas, I., & Ng'weno, A. (2010, Décembre). Three keys to P-PESA's success: Branding, Channel management and Pricing. *Journal of payments strategy and systems. Vol.4, N°.4* .

Masinge, T. I. (s.d.). «Mobile banking: Innovation for the poor». *United Nations University Working paper serie* . United Nations University.

Mawere, T., Denhere, T. P., Giyane, M., Mzikanwi, T., & Mupfiga, P. (2013, Septembre). An analysis of mobile banking adoption in Zimbabwe. *Journal of International Academic Research for Multidisciplinary* , pp. 423-432.

Mbiti, I., & Weil N., D. (2011, Juin). *«Mobile banking: the impact of M-pesa in Kenyan»*. Retrieved 03 31, 2014, from The National Bureau of Economic Research: http://www.nber.org/papers/w17129

McAllister, D. J. (1995). «Affect and Cognition-based trust as foundations for interpersonal cooperation in organization». *Academy of Management Journal, vol. 18, n° 1* , pp. 24-59.

McConkie, M., & Golembiewski T., R. (1975). «The centrality of interpersonal trust in group process». *Theories of group process* , pp. 131-185.

McKnight, D. H., & Chervany, N. L. (2002). «What Trust Means in E-Commerce Customer Relationships: An Interdisciplinary Conceptual». *International Journal of Electronic Commerce, Vol. 6, No. 2,* , pp. 35–59.

McKnight, D. H., Choudhury, V., & Kacmar, C. (2002, Septembre). «Developing and Validating Trust Measures for e-Commerce: An Integrative Typology». *Information Systems Research Vol. 13, No. 3* , pp. 334–359.

McKnight, D. H., Kacmar J., C., & Choudhury, V. (2004). «Dispositional Trust And Distrust Distinctions in Predicting High- and Low-Risk Internet Expert Advice Site Perceptions». *E-service Journal. Vol 3, Number 2* , pp. 35-55.

Milgrom R., P., Douglass C., N., & Barry R., W. (1997). «The role of institutions in the revival of trade: law merchant, private judges, and the champagne fairs». *Reputation: Studies in the voluntary elicitation of good* , pp. 243-266.

Ministère de la Communication et des Nouvelles Technologies du Mali. (2004). *Politique Nationale et Plan Stratégique National des Technologies de l'Information et de la Communication.* Bamako.

Mishra K, A. (1996). «Organizational responses to crisis: The centrality of trust». *Kramer, Roderick M. and Thomas Tyler (eds)* , pp. 261-287.

Morawczynski, O., & Miscione, G. (2008). «Examining trust in mobile banking transactions: The case of M-PESA in KENYA». *IFIP International Federation for Information Processing, Volume 282* , pp. 287–298.

Moscovici, S. (1961). *La psychanalyse, son image et son public.* Paris: PUF.

Neveu, V. (2004). *La confiance organisationnelle: Définition et mesure.*

Nooteboom, B., Berger, H., & Noorderhaven, N. G. (1997, Avril). «Effects of Trust and Governance on Relational Risk». *The Academy of Management Journal, Vol. 40, No. 2* , pp. 308-338.

ONDIEGE. (2013, Mai). Evolution du secteur bancaire Africain: nouveaux acteurs, nouveaux modeles ? *Secteur privé et Développement. LA REVUE DE PROPARCO N°16* , p. 9.

Pascal, M., Patrick, R., & Valérie, C.-S. (2002). *Les représentations sociales.* Presses Universitaires de Rennes.

PNUD. (2013). *Rapport sur le développement humain 2013. L'essor du sud: Le progès humain dans un monde diversifié.* Washington DC: Communications Development Incorporated.

Püschel, J., Mazzon, A. J., & Hernandez, C. (2010). Mobile banking: proposition of an integrated adoption intention framework. *International Journal of Bank Marketing. Vol 28 N°5* , pp. 389-409.

Püschel, J., Mazzon, J. A., & Mazzon, J. A. (2010). Mobile banking: proposition of an integrated adoption intention framework. *International Journal of Bank Marketing, Vol. 28 Iss: 5,* , pp. 389-409.

Puthod, D. (1995, avril). Entre confiance et défiance, la vigilance au coeur de la gestion des alliances. *Gestion 2000, N°2,, mars-avril 1995* , pp. 111-129.

Ramdhony, D., & Munien, S. (2013, Mai). An Investigation on Mobile Banking Adoption and Usage:A Case Study of Mauritius. *World Journal of Social Sciences,Vol.3,N°3* , pp. 197-217.

Reynaud, B. (1998). Les conditions de la confiance. Réflexions à partir du rapport salarial. *Revue économique. Volume 49, N°6* , pp. 1455-1472.

Ring Smith, P., & Van De Van H., A. (1992, Octobre). «Structuring cooperative relationships between organizations». *Strategic Management Journal, Vol.13, Issue 7.* , pp. 483-498.

Robinson, S. L. (1996). « Trust and breach of the psychological contract». *Administrative science Quaterly, 41* , pp. 574-599.

Rotter B., J. (1967). «A new scale for the measurement of interpersonal trust». *Journal of personality, 35* , pp. 651-665.

Rousseau N., D., Camerer, C., Sitkin B., S., & Burt S., R. (1998). «Not so different after all: a cross-discipline view of trust». *Academic of Management Review N° 23* , pp. 393-404.

Saini, G. S. (2014, Mars). «Mobile banking in India: issues and challenges». *Sai om Journal of commerce & Management* .

Sako, M. (1992). «Price, Quality and Trust. Interfirm Relations in Britain en Japan». *Cambridge University Press* .

Samaké, S., Traoré Seydou, M., Ba, S., Dembele, E., Diop, M., Mariko, S., et al. (2007). *Enquête démographique et de santé du Mali.* Calverton, Maryland,USA: Macro International Inc.

Sanguin, A.-L. (1976, Octobre-Décembre). Une nouvelle distinction des secteurs d'activité en géographie économique. *Bulletin de l'association de géographes français* , pp. 289-294.

Schoorman F., D., Mayer C., R., & Davis, H. J. (1996). «Including versus excluding ability from the definition of trust». *Academy of Management Review. N° 21* , pp. 339-340.

Schoorman F., D., Mayer C., R., & Davis, H. J. (1996). «Social influence, social interaction and social psychology in study of trust». *Academy of Management Review* , pp. 337-339.

Serge, P. (2005). *Penser les uages des TIC aujourd'hui: enjeux, modèles, tendances.*

Servet Jean, M. (1994). «Paroles données: lien de confiance». *Revue du M.A.U.S.S* , pp. 37-56.

Simon, É. (2007, Juin). La confiance dans tous ses états. *Revue française de gestion* (175), pp. 83-94.

Strauss, W., & Howe, N. (1992). *«Generations: The History of America's Future, 1584 to 2069».* HarperCollins.

Sulaiman, A., Jaafar, I. N., & Mohezar, S. (2007). «An overview of mobile banking». *Int. J. Mobile Communications, Vol. 5, N°2* , pp. 157–168.

Tan, B. F., & Sutherland, P. (2004). «Online Consumer Trust: A Multi-Dimensional Model». *Journal of Electronic Commerce in Organizations (JECO), Volume 2, Issue 3* , pp. 1-19.

Tashmia, I., & Masinge, K. (2011, mai). «Mobile Banking: Innovation for the Poor».

Urban, G. L., Sultan, F., & Qualls, W. J. (2000). «Placing Trust at the Center of Your Internet Strategy». *MIT Sloan Management Review 42(1)* , pp. 39-48.

Valdés-Valdivieso, L., & Gaia, P. (2012). *Rapport 2012 de l'observatoire de la téléphonie mobile en Afrique subsaharienne.* Londres: GSMA.

Vallée, H. P., & Mackaay, E. (2006). La confiance - sa nature et son rôle dans le commerce électronique. *Lex Electronica, vol.11 n°2* , 1-45.

Vendramin, P. (2011). TIC et genre: des regards multiples. *Tic&société. Vol.5 n°1* .

VILLIEU, P. (s.d.). *Monnaie - Théorie économique de la monnaie* . Consulté le Mars 22, 2014, sur Encyclopædia Universalis: http://www.universalis-edu.com/encyclopedie/monnaie-theorie-economique-de-la-monnaie/

Waverman, L., Meschi, M., & Fuss, M. (2005). Africa: The impact of mobile phones. *The Vodaphone Policy paper series. Number 2* , 10-23.

William, J., Suri, T., & Townsend, R. (2010). «Monetary theory and electronic money: Reflexions on Kenyan experience». *Economic Quarterly 96.1* , pp. 83-122.

Williamson E., O. (1993). «Calculativeness, trust, and economic organization». *Journal of law and economics. Vol 36* , pp. 453-486.

Witeepanich, C., Emklang, N., Matsmak, J., Kanokviriyasanti, P., & Chanvarasuth, P. (2013). Understanding the adoption of mobile banking services: an empirical study. *Proceedings of the 4th International Conference on Engineering, Project, and Production Management (EPPM 2013).*

Yam-pukri. (2010). *Dynamiques et rôles économique et social du secteur informel des TIC en Afrique de l'Ouest et du centre: cas du Burkina Faso, du Cameroun et du Sénégal.* Ouagadougou: Yam-pukri.

Zaheer, A., McEvily, B., Perrone, & Vincenzo. (1998, Mars-Avril). «Does Trust Matter ? Exploring the Effects of Interorganizational and Interpersonal Trust on Performance». *Organization science. Vol. 9, No. 2* , pp. 141-159.

Zalaback-Schockley, P., Winograd, G., & Ellis, K. (s.d.). «Organization trust: what it means, what it matters». *Organization development journal, 18* , pp. 35-48.

Zand, E. D. (1972). «Trust and managerial problem solving». *Administrative Science Quarterly 17 (2)* , pp. 39-229.

Ziadi, L. (s.d.). «Le Mobile-Banking, une opportunité pour la réduction de l'exclusion financière en Tunisie». Tunis, Tunisie.

Zikmund, G. (2003). *Business Research methods.* Thomson/South-Western.

Zucker, L. G. (1986). «Production of Trust : Institutional Sources Of Economic Structure, 1840 to 1920». *B.M.Staw et L.L. Cumings (eds), Research in Organization Behavior, Vol. 8, JAI Press, Greenwich,* , pp. 53-111.

Zuker, G. (1986). *Production of trust: institutional sources of economics structure, 1840 to 1920.*Los Angeles, California 90024.

TABLE DES MATIÈRES

MALI
AUX ÉDITIONS L'HARMATTAN

Dernières parutions

LUEUR D'ESPOIR
Recueil de poèmes
Djeti Soumano

La mort du grand-père de l'auteure fut une source d'inspiration qui la propulsa dans la poésie mélancolique. À la lumière de ce qu'elle vit quotidiennement, elle écoute la voix de son coeur. À travers ses vers, elle nous fait voyager dans son monde, un monde rempli de tristesse mélangée à de courts instants de bonheur. La poésie est une lueur d'espoir qui la console. Ce recueil de poèmes fera partager ses sentiments les plus profonds, exprimant l'amour et la douleur.

(Coll. Harmattan Mali, 74 p., 10,5 euros)

ISBN : 978-2-343-15544-9, EAN EBOOK : 9782140099878

LE MALI CONTEMPORAIN
Fragilités et possibilités
Mamadou Diarafa Diallo

Le Mali contemporain présente beaucoup de fragilités : une forte collusion entre le triptyque Etat, religion et tradition, une offre politique inadéquate, une prolifération de la violence et un développement inquiétant des inégalités. Néanmoins, il existe de nombreuses raisons d'espérer, et des possibilités de se relever : une population jeune et dynamique, une capacité de résilience collective démontrée et un réveil citoyen porté par la révolution numérique. Voici un diagnostic sans esquive ni faux-fuyants.

(Coll. Études africaines, 190 p., 19,5 euros)

ISBN : 978-2-343-15605-7, EAN EBOOK : 9782140098659

TATOUCHKA. LE PHOENIX RENAÎT DE SES CENDRES
Roman
Fatoumata Soufountera

Tatouchka est l'histoire de deux amies d'enfance, Anita et Paula. Chacune d'elle emprunte un chemin différent à l'obtention de leur baccalauréat. Deux personnes de caractère, de milieu et de religion différents, séparées par les aléas de la vie et la distance, mais liées par une amitié indéfectible. L'auteur propose un roman basé sur la réalité sociale de la vie au Mali, à travers le parcours d'Anita, à la recherche de son bonheur, qui se bat pour se frayer un chemin dans la jungle de la vie.

(Coll. Harmattan Mali, 114 p., 13 euros)

ISBN : 978-2-343-15363-6, EAN EBOOK : 9782140098109

LA JEUNESSE, L'ENSEIGNEMENT SUPÉRIEUR ET L'ÉCONOMIE AU MALI
L'APUMAF dialogue avec des candidats à l'élection présidentielle 2018
Tiefing Sissoko

L'auteur et l'Association de la diaspora professionnelle, universitaire et scientifique malienne de France (APUMAF) rencontrent et interrogent des candidats à l'élection présidentielle du Mali dans un contexte où le débat démocratique fait encore défaut. Tiefing Sissoko sensibilise l'intellectuel à prendre la parole dans le paysage politique malien afin que les élections se gagnent sur la pertinence des programmes et non sur des manoeuvres dont les contours sont aujourd'hui encore obscurs.

(100 p., 12,5 euros)

ISBN : 978-2-343-15365-0, EAN EBOOK : 9782140095702

TOMBOUCTOU APRÈS LE PRÉLUDE
Recueil de poèmes
Adama Fankélé Traoré
Dès son premier poème, l'auteur voulut lutter pour l'amélioration des conditions d'étude. Dès lors, il ne cessa d'écrire pour rendre hommage non seulement à des héros de renommée internationale comme Patrice Lumumba et Nelson Mandela, mais aussi aux martyrs de la révolution populaire de mars 1991 au Mali, à la femme africaine, aux artistes. Sa poésie lui sert d'arme contre la toxicomanie, la criminalité, l'inégalité sociale et l'injustice.
(Coll. Harmattan Mali, 78 p., 12 euros)
ISBN : 978-2-343-15362-9, EAN EBOOK : 9782140097638

AGUELHOK OU LE SACRIFICE SUPRÊME
Amadi Hamadi Diarra
Des jeunes soldats, placés sous le commandement du capitaine Dogotou Fané quittèrent en catastrophe le camp Soundiata Kéïta de Kati pour se rendre dans la garnison d'Aguelhok, localité située dans la région de Kidal. Mais face à plus d'un millier d'enturbannés endoctrinés et dotés d'une puissance de feu inimaginable, les seules qualités du soldat courageux et impavide suffisent-elles à une troupe de cent cinquante hommes environ, de remporter une bataille ?
(Coll. Écrire l'Afrique, 284 p., 23 euros)
ISBN : 978-2-343-14980-6, EAN EBOOK : 9782140095009

LE TEMPS D'UN APPEL
Roman
Oumar Karambé
Préface de Gaoussou Diawara
Ce roman relate l'histoire de la famille du Hogon Amprolou, en tirant son essence des faits vécus durant des périodes précoloniale et coloniale en plein pays Dogon : la prise des villes du Ghasso, de Tégouna et les lots de larmes, de sang, de pleurs et d'horreurs qui suivirent...
(Coll. Harmattan Mali, 206 p., 20 euros)
ISBN : 978-2-343-14954-7, EAN EBOOK : 9782140092190

LA RONDE DES CROCODILES
Roman
N'Diaye Bah
"Regarde cette nouvelle race d'hommes sortis des entrailles d'une société gangrenée par la vermine de la corruption, elle ressemble à des sauriens à l'étroit dans leur bassin, avides d'espace vital, de pouvoir et d'argent sale. Ce sont des êtres cyniques, insatiables voraces, ils ouvrent grande leur gueule, happent tout sur leur passage. Leur esprit d'accaparement et d'accumulation est sans limites, ils veulent tout pour eux et ne laissent rien aux autres, c'est la ronde des crocodiles."
(Coll. Harmattan Mali, 130 p., 14,5 euros)
ISBN : 978-2-343-14590-7, EAN EBOOK : 9782140090257

30 ANS DE SOLEIL
Roman
Jose Manuel Aranda Ejapa
Préface de Jean-Jacques Varold
« Sabine, la femme de ménage était dans la cuisine quand elle entendit un bruit assez fort au salon. Elle jeta un coup d'oeil et vit sa patronne qui s'accrochait à la table en se pressant la poitrine. Elle se précipita pour l'attraper. Mais, petit à petit, Anna se retrouva par terre, totalement inconsciente. Elle faisait un arrêt cardiaque. »
(Coll. Harmattan Mali, 236 p., 18 euros)
ISBN : 978-2-343-14253-1, EAN EBOOK : 9782140076060

DROIT DES MARCHÉS PUBLICS AU MALI
Cadre harmonisé des marchés publics au sein de l'espace UEMOA
Procédure de passation des marchés des bailleurs de fonds
Abderhimou Dicko
Préface du Pr Alioune Sall
Cet ouvrage est une contribution à la compréhension du droit des marchés publics du Mali, mais aussi du cadre harmonisé des marchés publics au sein de l'espace UEMOA et des procédures des marchés des bailleurs de fonds (Banque Mondiale, BAD, Union européenne). Voici une analyse minutieuse et actualisée de cette réglementation ainsi que de la jurisprudence et des règles des différentes organisations internationales africaines et occidentales.
(Coll. Harmattan Mali, 476 p., 39 euros)
ISBN : 978-2-343-14164-0, EAN EBOOK : 9782140076541

CONSPIRATION AU MALI ET AU SAHEL
Alhassane Gaoukoye
L'analyse de la guerre au Mali révèle les enjeux géostratégiques d'une crise nationale dont les effets de contamination menacent la sécurité de tous les Etats du Sahel soumis à des rébellions récurrentes et à une montée spectaculaire du terrorisme religieux. Face à cette menace, ce livre s'interroge sur les dispositifs sécuritaires et les ressources que le Mali, les pays du Sahel et leurs partenaires européens mobilisent pour éradiquer ce fléau frontalier.
(264 p., 26 euros)
ISBN : 978-2-343-14064-3, EAN EBOOK : 9782140069253

LES MAUSOLÉES DE SANG
N'Diaye Bah
La foule était traumatisée par ce déchainement de violence et de haine à Tombouctou. Elle resta longtemps figée sur place, tétanisée, partagée entre le désarroi et la colère, de mémoire d'homme, les habitants de la ville sainte n'avaient jamais vécu une telle horreur : que de vies brisées, broyées par la machine infernale de l'intolérance et du fanatisme.
(Coll. Harmattan Mali, 238 p., 21,5 euros)
ISBN : 978-2-343-13952-4, EAN EBOOK : 9782140065231

LE PÉRIL DE LA POLLUTION SUR LE FLEUVE NIGER
Sidy Ba
Cet ouvrage est consacré à l'examen des différents types de pollution sur le fleuve Niger, ainsi qu'à leurs conséquences, soit connues et visibles, soit plus subtiles et insoupçonnées, mais tout aussi dangereuses. Il apporte des éclaircissements scientifiques sur les mécanismes de contamination de divers types de polluants et leur impact sur les espèces animales et végétales. L'auteur propose quelques pistes de solution pour prévenir, limiter et réduire la pollution grandissante du fleuve Niger.
(Coll. Études africaines, 170 p., 17,5 euros)
ISBN : 978-2-343-13652-3, EAN EBOOK : 9782140059520

TREMPER LA PLUME DANS LES PLAIES
Aminata Boré
Tremper la plume dans les plaies est un recueil de poèmes se voulant le reflet de nos pensées et de nos sentiments. Ils y sont décrits d'une manière si évidente que l'on ne peut que sentir la plume tremper dans nos plaies.
(Coll. Harmattan Mali, 100 p., 11,5 euros)
ISBN : 978-2-343-13951-7, EAN EBOOK : 9782140064548

AMOUR ET LIENS DU SANG

Kadiatou Diallo

Après de brillantes études, un jeune couple retourne au pays. Le mari, Doudou, orphelin d'une richissime famille, exprime à son épouse de désir d'un héritier. Christelle se sentant incapable de lui offrir la joie d'être père recourt à sa soeur jumelle pour ne pas perdre son mari aux prix de certaines manoeuvres savamment orchestrées. Doudou s'en apercevra-t-il ? Sur quel arrêt du destin ces fameuses liaisons vont-elles déboucher ?

(Coll. Harmattan Mali, 80 p., 12 euros)

ISBN : 978-2-343-13888-6, EAN EBOOK : 9782140064531

SUR LE CHEMIN DES SAISIES

L'huissier de justice d'hier à demain

Ibrahim Berthé

Qu'est-ce qu'un huissier de justice ? D'où vient-il ? A quoi sert-il ? Cet ouvrage tente de répondre à ces interrogations et, à travers l'histoire, de peindre les différentes facettes de ce personnage spécifique du rouage de l'appareil judiciaire dans le temps et dans l'espace, des rives de la Seine en France jusqu'au bord du fleuve Djoliba au Mali.

(270 p., 25 euros)

ISBN : 978-2-343-13501-4, EAN EBOOK : 9782140052613

LA NATION QUI S'ÉTIOLE

Roman

Adama Fankélé Traoré

Dans la capitale Kissi, au lieu d'étudier, la plupart des jeunes passent la majeure partie de leur temps à deviser dans leurs "grins". La fainéantise, l'anarchie et le favoritisme sont de règle dans le pays. C'est dans ce contexte que le caporal Warakoro accède au pouvoir à la faveur d'un putsch. Pendant que le souverain et son entourage vivent dans l'opulence, le peuple croupit de plus en plus dans l'indigence...

(Coll. Harmattan Mali, 116 p., 13,5 euros)

ISBN : 978-2-343-13644-8, EAN EBOOK : 9782140053245

LA SOCIÉTÉ SONINKÉ

Hier, aujourd'hui et demain

Diallo Djibril Cheikh Bouye

Cet essai a l'ambition de contribuer à faire connaître la société soninké, sa culture, ses valeurs, son organisation, mais aussi les problèmes, les tensions et les difficultés qu'elle connaît. Il procède à une analyse critique de certaines caractéristiques sociologiques et mentales de cette communauté millénaire.

(Coll. Études africaines, 200 p., 20,5 euros)

ISBN : 978-2-343-13262-4, EAN EBOOK : 9782140053108

L'ETAT DE DROIT DANS LES RÉPUBLIQUES DU MALI ET DU SÉNÉGAL

Ibrahima Traoré

Les chasseurs n'imaginaient pas que leur serment serait en 1236 la source d'inspiration des auteurs de la Charte de Kouroukan Fouga. Ce corpus de règles sociales continue encore de régir le quotidien des populations de cette sous-région africaine et trouve sa traduction dans les espaces d'interpellation démocratique. Ces forums mettent face à face les membres du Gouvernement et les usagers. Ces assemblées sont tenues annuellement et participent aussi à l'émergence d'une démocratie de proximité. Toutes choses qui contribuent à la consolidation efficiente de l'État de Droit.

(Coll. Études africaines, 390 p., 38,5 euros)

ISBN : 978-2-343-10940-4, EAN EBOOK : 9782140051418

Structures éditoriales du groupe L'Harmattan

L'Harmattan Italie
Via degli Artisti, 15
10124 Torino
harmattan.italia@gmail.com

L'Harmattan Hongrie
Kossuth l. u. 14-16.
1053 Budapest
harmattan@harmattan.hu

L'Harmattan Sénégal
10 VDN en face Mermoz
BP 45034 Dakar-Fann
senharmattan@gmail.com

L'Harmattan Cameroun
TSINGA/FECAFOOT
BP 11486 Yaoundé
inkoukam@gmail.com

L'Harmattan Burkina Faso
Achille Somé – tengnule@hotmail.fr

L'Harmattan Guinée
Almamya, rue KA 028 OKB Agency
BP 3470 Conakry
harmattanguinee@yahoo.fr

L'Harmattan RDC
185, avenue Nyangwe
Commune de Lingwala – Kinshasa
matangilamusadila@yahoo.fr

L'Harmattan Congo
67, boulevard Denis-Sassou-N'Guesso
BP 2874 Brazzaville
harmattan.congo@yahoo.fr

L'Harmattan Mali
Sirakoro-Meguetana V31
Bamako
syllaka@yahoo.fr

L'Harmattan Togo
Djidjole – Lomé
Maison Amela
face EPP BATOME
ddamela@aol.com

L'Harmattan Côte d'Ivoire
Résidence Karl – Cité des Arts
Abidjan-Cocody
03 BP 1588 Abidjan
espace_harmattan.ci@hotmail.fr

L'Harmattan Algérie
22, rue Moulay-Mohamed
31000 Oran
info2@harmattan-algerie.com

L'Harmattan Maroc
5, rue Ferrane-Kouicha, Talaâ-Elkbira
Chrableyine, Fès-Médine
30000 Fès
harmattan.maroc@gmail.com

Nos librairies en France

Librairie internationale
16, rue des Écoles – 75005 Paris
librairie.internationale@harmattan.fr
01 40 46 79 11
www.librairieharmattan.com

Librairie l'Espace Harmattan
21 bis, rue des Écoles – 75005 Paris
librairie.espace@harmattan.fr
01 43 29 49 42

Lib. sciences humaines & histoire
21, rue des Écoles – 75005 Paris
librairie.sh@harmattan.fr
01 46 34 13 71
www.librairieharmattansh.com

Lib. Méditerranée & Moyen-Orient
7, rue des Carmes – 75005 Paris
librairie.mediterranee@harmattan.fr
01 43 29 71 15

Librairie Le Lucernaire
53, rue Notre-Dame-des-Champs – 75006 Paris
librairie@lucernaire.fr
01 42 22 67 13